essentials

Essentials liefern aktuelles Wissen in konzentrierter Form. Die Essenz dessen, worauf es als „State-of-the-Art" in der gegenwärtigen Fachdiskussion oder in der Praxis ankommt. *Essentials* informieren schnell, unkompliziert und verständlich

• als Einführung in ein aktuelles Thema aus Ihrem Fachgebiet
• als Einstieg in ein für Sie noch unbekanntes Themenfeld
• als Einblick, um zum Thema mitreden zu können

Die Bücher in elektronischer und gedruckter Form bringen das Fachwissen von Springerautor*innen kompakt zur Darstellung. Sie sind besonders für die Nutzung als eBook auf Tablet-PCs, eBook-Readern und Smartphones geeignet. *Essentials* sind Wissensbausteine aus den Wirtschafts-, Sozial- und Geisteswissenschaften, aus Technik und Naturwissenschaften sowie aus Medizin, Psychologie und Gesundheitsberufen. Von renommierten Autor*innen aller Springer-Verlagsmarken.

Sebastian Zart · Michael Fröhlich

Nahrungsergänzungsmittel im Sport

Überblick zu leistungssteigernden Supplementen für Ausdauer- und Kraftsportler

Springer Spektrum

Sebastian Zart ⓘD
Fachgebiet Sportwissenschaft
Rheinland-Pfälzische Technische
Universität Kaiserslautern-Landau
Kaiserslautern, Deutschland

Michael Fröhlich ⓘD
Fachgebiet Sportwissenschaft
Rheinland-Pfälzische Technische
Universität Kaiserslautern-Landau
Kaiserslautern, Deutschland

ISSN 2197-6708   ISSN 2197-6716 (electronic)
essentials
ISBN 978-3-662-73082-9   ISBN 978-3-662-73083-6 (eBook)
https://doi.org/10.1007/978-3-662-73083-6

Die Deutsche Nationalbibliothek verzeichnet diese Publikation in der Deutschen Nationalbibliografie; detaillierte bibliografische Daten sind im Internet über https://portal.dnb.de abrufbar.

Springer Spektrum ist ein Imprint der eingetragenen Gesellschaft Springer-Verlag GmbH, DE und ist ein Teil von Springer Nature.
Die Anschrift der Gesellschaft ist: Heidelberger Platz 3, 14197 Berlin, Germany

Wenn Sie dieses Produkt entsorgen, geben Sie das Papier bitte zum Recycling.

Was Sie in diesem *essential* finden können

- Überblick zur leistungssteigernden Wirkung von Nahrungsergänzungsmitteln
- Hinweise zur Evidenz von Nahrungsergänzungsmitteln
- Empfehlungen zur praktischen Einnahme

Vorwort

Der Konsum von Nahrungsergänzungsmitteln (NEM) nimmt stetig zu. Im Gegensatz dazu ist das Wissen über die Einnahme, die Dosierung und potenzielle Nebenwirkungen von NEM sowie die Evidenz zu den Wirkeffekten oftmals nur bedingt gegeben. Das *essential* möchte diese Lücke schließen, indem die wissenschaftliche Literatur zu den ergogenen Effekten auf Ausdauer und Kraft einerseits und auf Gesundheitsaspekte wie Gewichtsmanagement andererseits beschrieben werden. Darüber hinaus werden gängige Darreichungsformen und Dosierungsempfehlungen evidenzbasiert abgeleitet und mögliche gesundheitsassoziierte Nebenwirkungen berichtet. Das *essential „Nahrungsergänzungsmittel im Sport – Überblick zu leistungssteigernden Supplementen für Ausdauer- und Kraftsportler"* versteht sich daher als erster Schritt, zentrale NEM zur Leistungssteigerung einem breiten Anwenderfeld zugänglich zu machen.

Januar 2026

Sebastian Zart
Michael Fröhlich

Inhaltsverzeichnis

Nahrungsergänzungsmittel im Sport

1

Das Wissen über die Einnahme von Nahrungsergänzungsmitteln (NEM) ist oftmals mit einer geringen Informationsqualität und einem bestehenden Informationsrisiko korreliert. So besteht einerseits ein Widerspruch zwischen dem Wunsch nach qualitativ hochwertigen, evidenzbasierten Informationen und andererseits dem tatsächlichen Verhalten (Mettler et al. 2020). Eine Befragung zum Sporternährungswissen von australischen Football-Spielerinnen zeigte, dass nur 55 % der Fragen richtig beantwortet wurden (Condo et al. 2019). Die Unwissenheit über Dosis, Wirkeffekte oder Interaktion von NEM ist dabei auch unabhängig vom Leistungsniveau festzustellen. Das Wissen von Ernährungsberatern und medizinischem Fachpersonal wird wenig genutzt (Garthe und Maughan 2018). Das vorliegende *essential* liefert daher evidenzbasiertes Wissen und möchte dabei unterstützen, NEM zielgerecht in ihren spezifischen Anwendungssituationen gewinnbringend einzusetzen. Grundlegend sollte sich jede Person vor der Einnahme eines NEM folgende Fragen beantworten (Garthe und Maughan 2018):

1. Gibt es eine wissenschaftliche Begründung für eine mögliche positive Auswirkung auf die Gesundheit und/oder Leistung?
2. Ist es möglich, dass das NEM eine negative Auswirkung auf die Gesundheit und/oder die Leistung hat?
3. Benötige ich als Sportler das NEM?
4. Ist das NEM auf lange Sicht sicher?

© Der/die Autor(en), exklusiv lizenziert an Springer-Verlag GmbH, DE, ein Teil von Springer Nature 2026
S. Zart, M. Fröhlich, *Nahrungsergänzungsmittel im Sport*, essentials,
https://doi.org/10.1007/978-3-662-73083-6_1

1.1   Was sind Nahrungsergänzungsmittel?

Unter einem NEM wird ein Produkt verstanden, das eine habituelle Ernährung gezielt ergänzt, indem ein Nährstoff zusätzlich zur normalen Ernährung zugeführt wird. Im Vordergrund steht, dass eine vielseitige und ausgewogene Basisernährung nicht durch eine Supplementierung ersetzt wird, sondern lediglich die allgemeine Nährstoffzufuhr optimiert oder unterstützt werden soll. NEM zählen zu den Lebensmitteln und sind keine Arzneimittel. Daher unterliegen sie der EU-Lebensmittel-Basisverordnung Nr. 178/2002 und dem nationalen Lebensmittel- und Futtermittelgesetzbuch. Die nationale Verordnung über NEM definiert rechtlich verbindlich, was unter einem NEM verstanden wird und welche Kennzeichen auf der Verpackung vorhanden sein müssen (Rempe 2025).

▶ „Nahrungsergänzungsmittel im Sinne dieser Verordnung ist ein Lebensmittel, das 1. dazu bestimmt ist, die allgemeine Ernährung zu ergänzen, 2. ein Konzentrat von Nährstoffen oder sonstigen Stoffen mit ernährungsspezifischer oder physiologischer Wirkung allein oder in Zusammensetzung darstellt und 3. in dosierter Form, insbesondere in Form von Kapseln, Pastillen, Tabletten, Pillen und anderen ähnlichen Darreichungsformen, Pulverbeuteln, Flüssigampullen, Flaschen mit Tropfeinsätzen und ähnlichen Darreichungsformen von Flüssigkeiten und Pulvern zur Aufnahme in abgemessenen kleinen Mengen, in den Verkehr gebracht wird." (Bundesministerium der Justiz & Bundesamt für Justiz 2004)

1.2   Gründe für Nahrungsergänzungsmittel

Per se gibt es viele Gründe für eine Ergänzung der habituellen Ernährung mit NEM. Garthe und Maughan (2018) sowie Maughan et al. (2018) fassen folgende Aspekte für die Einnahme von NEM zusammen:

- Zur Behebung oder Vorbeugung von Nährstoffmängeln, die die Gesundheit/Leistung beeinträchtigen können
- In Folge einer chronisch unzureichenden Energiezufuhr mit einhergehenden Störungen (z. B. geringe Knochenmineraldichte)
- In Phasen der Gewichtsabnahme oder bei Diäten, die eine Gruppe von Nährstoffen ausschließen (z. B. Veganer)
- Präventiv oder rehabilitativ bei Allergien und Nahrungsmittelunverträglichkeiten, wenn ein Ausschluss bestimmter Lebensmittel vorliegt und ein Mangel entstehen könnte oder vorliegt

- Zur einfachen Versorgung mit Energie und Nährstoffen rund um eine Trainingseinheit
- Um indirekt über ein effektiveres Training, eine bessere Erholung von Trainingseinheiten, einer Optimierung der Körperkomposition oder einer Verringerung des Verletzungs- und Krankheitsrisikos eine Leistungssteigerung zu erzielen
- Um einen spezifischen und direkten Leistungsvorteil im Wettkampf zu erzielen
- Bei Reisen an Orte mit begrenzter Nahrungsmittelvielfalt, mit ungewohnten Nahrungsmitteln oder mit Problemen bei der Lebensmittelhygiene oder -sicherheit
- Aus finanziellen Gründen (Sponsoring) oder weil Produkte kostenlos zur Verfügung gestellt werden
- Als Versicherungspolice für den „Fall der Fälle"
- Wissen oder Glaube darüber, dass andere auf NEM zurückgreifen

Der Einsatz von NEM scheint bei verschiedenen Sportarten und Aktivitäten zu variieren. Die Anzahl der Supplemente nimmt mit dem Alter zu und Männer verwenden im Vergleich zu Frauen allgemein mehr NEM (Maughan et al. 2018).

1.3 Ziele von Nahrungsergänzungsmitteln im Sport

Mit der Einnahme von NEM verfolgen aktive Menschen u. a. zwei Ziele: einerseits soll die Gesundheit erhalten und andererseits die sportliche Leistung verbessert werden. Darunter fällt auch das Ziel Gewichtsmanagement, wobei dieses im Sinne der Leistungssteigerung oft mit dem Aufbau von Muskelmasse und mit Blick auf die Gesundheit i. d. R. mit Gewichtsabbau in Verbindung gebracht wird. Mittels Befragungen wurde festgestellt, dass 50 % der Gesamtbevölkerung NEM einnehmen. Befragungen bei Athlet*innen ergaben, dass grundsätzlich mehr NEM eingesetzt werden und mit Zunahme des Wettkampfniveaus sowie des Trainingsumfangs die Anzahl an NEM zunimmt (Garthe und Maughan 2018). In einzelnen Studien nahmen 40–100 % der Athletet*innen NEM ein (Braun 2024). Selbst im Freizeitsport greifen Mitglieder aus Fitnessstudios durchschnittlich auf sieben Präparate zurück und nehmen durchschnittlich 17 Mal in der Woche eine Portion ein (Mettler et al. 2020). Eine Befragung zu den Zielen von NEM bei Athlet*innen der IAAF Weltmeisterschaften ergab folgende Gründe: bessere Regeneration (71 %), Gesundheit (52 %), Leistungssteigerung (46 %), Prävention oder Behandlung einer Kankheit (40 %) und Kompensation einer schlechten Ernährungsweise (29 %) (Garthe und Maughan 2018).

1.3.1 Gesundheitsförderung

Die Gesundheit eines Menschen, hier im Speziellen das Immunsystem, wird von vielen Faktoren beeinflusst (z. B. Ernährung, körperliche Aktivität, Rauchen). Um die Funktion des Immunsystems zu unterstützen, kann eine vollwertige und ausgewogene Ernährung ein wichtiges Puzzleteil sein. Durch eine adäquate Ernährung können die Bedarfe von Sportler*innen bei den Makronährstoffen (Kohlenhydrate, Proteine, Fette) und Mikronährstoffen (Vitamine, Mineralstoffe, sekundäre Pflanzenstoffe) abdeckt werden. Studien belegen jedoch, dass das Ernährungswissen unabhängig vom Grad der Professionalisierung nicht ausreichend vorhanden ist, um eine personalisierte, auf die belastungsspezifischen Anforderungen angepasste Ernährung im Alltag dauerhaft umzusetzen (Condo et al. 2019). Daher liegt vereinzelt eine Unterversorung bei Kohlenhydraten und Mikronährstoffen (Vitamine A, D und E, Calcium, Magnesium, Eisen) vor (Julián-Almárcegui et al. 2013). Basierend darauf sowie aufgrund der Ungewissheit über den genauen Bedarf von Mikronährstoffen, ergänzen Sportler*innen gerne ihre habituelle Ernährung mit NEM, um einer möglichen Unterversorgung vorzubeugen und den Erhalt der Gesundheit zu sichern. Denn ein vorliegender und nicht erkannter Mangel kann sich auf die Gesundheit (Stefanache et al. 2023) und auf die sportliche Leistung (Ghazzawi et al. 2023) negativ auswirken. Daher sind neben Vitamin C und E Multivitaminpräparate häufig eingesetzte NEM (Knez und Peake 2010). Konsens besteht darüber, dass Vitamine und Mineralstoffe wichtig für den Körper und die ablaufenden Stoffwechselprozesse sind (Stefanache et al. 2023). Auch ist belegt, dass bei einem ausbleibenden Mangel eine Zufuhr von Mikronährstoffen keinen zusätzlichen Effekt mit sich bringt. Lediglich bei einem nachgewiesenen Mangel (z. B. Vitamin D, Eisen) können Verbesserungen bewirkt werden (Ghazzawi et al. 2023).

1.3.2 Leistungssteigerung

Die Steigerung der sportlichen Leistung über NEM kann über akute oder chronische Einnahmeprotokolle erfolgen. Unter einer akuten Einnahme eines leistungssteigernden bzw. ergogenen NEM versteht man die einmalige Zufuhr einer bestimmten Dosis am Trainings- oder Wettkampftag, eventuell auch in mehrere Portionen aufgeteilt, die einen spontanen Leistungsanstieg zur Folge hat. Im Gegensatz dazu werden bei chronischen Protokollen NEM über mehrere Tage oder Wochen zugeführt, damit sie ihre Wirkung erzielen können. Dies ist notwendig, um im

Körper die Konzentration eines Stoffes zu erhöhen oder Speicher aufzufüllen, bevor eine Wirkung erkennbar ist.

Zum anderen können NEM aufgrund ihrer direkten (u. a. Koffein, Nitrate) oder indirekten Wirkung (u. a. β-Hydroxy-β-Methylbutyrat, Proteine) eingeteilt werden. Bei einer indirekten Wirkung stehen die Gesundheit, Körperzusammensetzung, Belastbarkeit, Regenerations- und Heilungsfähigkeit sowie Adaptationsfähigkeit im Fokus, die sich dann in einer gesteigerten Leistung widerspiegelt (Maughan et al. 2018). Befragungen in der Leichtathletik oder in Sportspielen wie Fußball und Handball ergaben, dass mit 46,0–90,3 % die Leistungssteigerung vorrangig als Ziel verfolgt wird (Garthe und Maughan 2018; Sousa-Rufino et al. 2025).

Leistungssteigernde Wirkung von nicht-proteinbasierten Nahrungsergänzungsmitteln

2

Im Folgenden werden Erkenntnisse zu ergogenen Wirkungen von NEM zusammengefasst. Die wissenschaftlichen Befunde basieren dabei auf systematischen Reviews mit Meta-Analysen. Die Meta-Analysen können Auskunft darüber geben, ob ein NEM positive Wirkung zeigen kann, wie groß dieser Effekt ist, welches Einnahmeprotokoll die besten Effekte gezeigt hat und bei welchen sportlichen Belastungen der Einsatz sinnvoll erscheint (Maughan et al. 2018). Die resultierende statistische Effektgröße drückt aus, inwieweit ein ergogener Effekt eines Supplements vorliegt und falls ja, wie stark eine Wirkung tatsächlich ist. Die Bewertung der praktischen Relevanz eines NEM auf die Leistung wird sehr häufig durch das Gruppendifferenzmaß Hedges' *g* vorgenommen und in diesem *essential* beim Bericht der ergogenen Effekte aufgegriffen. Effektgrößen von <0,1 werden als trivialer, 0,1–0,3 als kleiner, 0,31–0,5 als moderater und 0,51–0,8 als großer Effekt interpretiert (Fröhlich et al. 2020).

2.1 Glycerol

Glycerol oder Glycerin ist ein Zuckeralkohol und das Grundgerüst der Triglyzeride. Triglyzeride gehören zur Gruppe der Nahrungsfette und bestehen aus einem Glycerol-Molekül und drei Fettsäuren.

S. Zart, M. Fröhlich, *Nahrungsergänzungsmittel im Sport*, essentials, https://doi.org/10.1007/978-3-662-73083-6_2

2.1.1 Ergogene Effekte

Die Evidenz über die Wirkung von Glycerol als Hyperhydratationsmethode zur Steigerung der Ausdauerleistung ist nicht eindeutig. Etwa 50 % der Studien zeigen eine signifikante Leistungssteigerung. Studien, die keinen signifikanten Effekt aufzeigen, belegen aber zumindest teilweise geringe Steigerungen in den Testsituationen. Sichergestellt ist, dass keine Leistungsminderung festgestellt werden konnte (van Rosendal und Coombes 2012). Die Leistungszuwächse liegen laut der Meta-Analyse von Goulet et al. (2007) bei 2,62 %, wobei einschränkend zu sagen ist, dass nur 4 Studien in diese Auswertung eingingen. Jedoch würde basierend auf diesem Ergebnis und unter Beachtung der kleinsten nennenswerten Steigerung (0,5–1,5 %) in 81–95 % der Fälle eine Verbesserung der Ausdauerleistung in der Praxis eintreten. Van Rosendal und Coombes (2012) konnten feststellen, dass 61 % der Studien, in denen eine Hyperhydratation oder eine Rehydratation mit Glycerol durchgeführt wurde, eine signifikante Leistungssteigerung gemessen wurde. Die Leistungssteigerungen betrugen bei Ausbelastungstests (TTE = time to exhaustion) bis zur Erschöpfung bis zu 24 % und bei Belastungen mit dem Charakter eines Zeitfahrens (TT = time trial) bis zu 4,1 %. Die Messung der Leistung in Form der physikalischen Größen Leistung oder Arbeit zeigte eine Steigerung um bis zu 5 %. Folglich kann eine Hyperhydratation durch die Zufuhr von Glycerol erzielt werden. Die vor dem Wettkampf provozierte Flüssigkeitseinlagerung hilft wahrscheinlich vor allem bei langanhaltenden und anstrengenden Belastungen über 75 min, bei denen eine Reduktion der Körperflüssigkeit um mindestens 2 % zu erwarten ist, das thermoregulatorische System stark belastet wird und eine Versorgung mit Flüssigkeit möglicherweise eingeschränkt ist (van Rosendal et al. 2010). Das Erhalten der Körperflüssigkeit kann durch die kontinuierliche Zufuhr von geringen Glycerolmengen während der Belastung unterstützt werden. Zudem hilft die Glycerolzufuhr den Wasserhaushalt nach der Belastung beschleunigt wiederherzustellen.

2.1.2 Praktische Anwendung

Für eine Hyperhydratation ist eine Glyceroldosis von 1,0–1,5 g/kg frettfreiem Körpergewicht (FFM) erforderlich, um den Glycerolspiegel im Plasma ausreichend zu erhöhen. Es konnte nachgewiesen werden, dass höhere Dosen keinen größeren Effekt verursachen (van Rosendal und Coombes 2012). Glycerol ist mit ausreichend Flüssigkeit zuzuführen (Tab. 2.1). Die Wahl des Getränks ist dabei frei. Es kann pures Wasser, eine Kohlenhydrat-Elektrolyt-Lösung in Form eines Sportgetränks

Tab. 2.1 Anwendung von Glycerol

Einsatz	Langanhaltende Belastungen bei sehr warmen Temperaturen und einem Gewichtsverlust während der Belastung von mehr als 2 %		
Dosierung	1,2–1,4 g/kg FFM Glycerol		
Flüssigkeitsvolumen	~25 ml/kg KG		
Wahl der Flüssigkeit	Wasser, Sportgetränke, verdünnte Fruchtsäfte		
Einnahmeprotokoll	Glycerollösung mit Flüssigkeit mischen Beginn der Flüssigkeitsaufnahme 90–180 min vor dem Start		
Beispiel für Einnahmeprotokoll (Goulet et al., 2018)	Person mit ~76 kg und ~63 kg FFM; die aufzunehmende Glycerol-Flüssigkeits-Mischung beträgt etwa 2000 ml Wassermenge: 30 ml/kg FFM (~2 °C) → 30 ml * 63 kg FFM = 1890 ml Glycerolmenge: 1,4 g/kg FFM → 1,4 g * 63 kg FFM = 88,2 g ⇒ 70,6 ml Salzmenge: 7,5 g/l → 7,5 g * 1,9 l = 14,25 g		
	Zeitpunkt		Dosis
	0.–5. min		~500 ml
	20.–25. min		~500 ml
	40.–25. min		~500 ml
	60.–65 min		~500 ml

oder verdünnter Fruchtsaft gewählt werden. Salzhaltige Getränke können eine Einlagerung von Flüssigkeit im Körper zusätzlich erhöhen (Goulet et al. 2018) und kohlenhydrathaltige Getränke füllen die Gykogenspeicher auf. Eine maximale Flüssigkeitsspeicherung konnte mit einer Flüssigkeitsmenge von 26 ml/kg FFM erreicht werden (Goulet et al. 2007). Die Zufuhr von Glycerol und der Flüssigkeit kann über zwei Wege erfolgen: einerseits kann die Glycerollösung zuerst zugeführt und anschließend die Flüssigkeit über einen Zeitraum von 60–120 min getrunken werden. Andererseits besteht die Möglichkeit das Glycerol direkt mit der entsprechenden Flüssigkeitsmenge zu mischen und innerhalb von 60–150 min zu trinken, um eine möglichst große Flüssigkeitsretention zu erzielen (van Rosendal et al. 2010). Ist das Ziel eine schnelle Rehydratation, dann macht der Gebrauch nur Sinn, wenn ein ausreichend großer Flüssigkeitsverlust (>2 %) während der Belastung eingetreten ist und nur ein kurzes Zeitfenster von wenigen Stunden (<6 h) bis zur nächsten Belastung besteht. In diesem Fall kann die Rehydratation durch eine Glycerolmenge von 1 g/kg FFM pro 1,5 l Flüssigkeit beschleunigt werden (van Rosendal und Coombes 2012).

2.1.3 Nebenwirkungen

Durch die Glycerol-Aufnahme treten selten Nebenwirkungen wie gastrointestinale Probleme (Völlegefühl, Übelkeit, Durchfall) oder Schwindelgefühle auf. Probleme lagen in einzelnen Studien dann vor, wenn erst das Glycerol verabreicht und anschließend die Flüssigkeit ergänzend zugeführt wurde. Daher eignet sich ein Glycerol-Flüssigkeitsgemisch besser. Verträgt eine Person das Protokoll nicht, dann könnte die Menge verringert oder die Einnahmezeit von 60 auf 90 min erhöht werden. Abschließend ist anzumerken, dass schwangere Frauen und Personen mit Diabetes, Nierenerkrankungen, Migräne oder Kopfschmerzen, Herz-Kreislauf-Erkrankungen und Lebererkrankungen für die Einnahme von Glycerol nicht geeignet sind (van Rosendal et al. 2010).

2.2 Kreatin

Kreatin ist eine stickstoffhaltige Verbindung, die über enzymatische Prozesse aus den Aminosäuren Arginin, Glycin und Methionin gebildet wird (Antonio et al. 2021). Somit ist Kreatin eine natürlich vorkommende Substanz, die im Körper eine wichtige Rolle bei der Energieversorgung der Muskeln spielt.

2.2.1 Ergogene Effekte

Die Evidenzlage für die exogene Zufuhr von Kreatin ist gut belegt, um die intramuskulären Kreatinphosphatspeicher je nach Ausgangsniveau um 20–40 % zu erhöhen (Kreider et al. 2017). Die Obergrenze der Kreatinspeicherung scheint bei den meisten Personen bei etwa 160 mmol/kg Muskeltrockenmasse zu liegen (Kreider et al. 2017).

2.2.1.1 Ausdauer

Studien bei ausdauerbetonten Sportarten sind weniger gut in der Literatur vertreten. Wenn Studien bewusst die Wirkung einer Kreatinsupplementation auf Merkmale der aeroben Ausdauer untersuchten, dann konnten keine Verbesserungen belegt werden. Kreatin hatte sogar unabhängig von den Merkmalen des Trainings, der Supplementierung oder der Population einen negativen Effekt (ES = 0,32) auf die VO_2max (Gras et al. 2023). Ebenso konnte keine Verbesserung in aeroben Tests bei Fußballspielern berichtet werden. Die einzige große und signifikante Wirkung

(ES = 2,26) zeigte sich bei der anaeroben Leistung im Wingate-Test (Mielgo-Ayuso et al. 2019). Lediglich bei Ruderern konnte ein positiver Effekt nachgewiesen werden, da neben dem hohen Anteil an aerober Energiegewinnung auch die Kraft in Beinen und Armen eine größere Rolle spielt, um eine maximale Leistung erbringen zu können. Bei klassischen Ausdauerbelastungen könnte die geringe Zunahme des Körpergewichts (KG) mögliche Leistungssteigerungen kompensieren oder sogar umkehren (Fernández-Landa et al. 2023). Letztendlich konnte keine ergogene Wirkung bei Ausdauerbelastungen nachgewiesen werden. Laut Kreider et al. (2017) könnte eine gesteigerte Resynthese von Kreatinphosphat oder eine geringere Azidose aufgrund eines größeren Speichers bei einigen Sportspielen (u. a. Basketball, American Football, Eishockey), mittleren Wettkampfstrecken im Schwimmen (100 m, 200 m) und in der Leichtathletik (400 m, 800 m) oder Kampfsportarten (u. a. Boxen, MMA) unterstützend wirken.

2.2.1.2 Kraft

Viele Studien zeigten, dass eine Supplementierung von nur 3 bis 5 Tagen ausreichte, um einen ergogenen Nutzen zu erzielen, wobei durchweg Verbesserungen in der körperlichen Leistungsfähigkeit, anaeroben Kapazität, Kraft und sportartspezifischen Aufgaben (z. B. Sprintleistung) beobachtet wurden. Wenn die Supplementierung über mehrere Wochen andauerte, wurde häufig über verstärkte Trainingsanpassungen wie größere Verbesserungen der Kraft (ES = 0,24–2,79), der FFM (ES = 0,82), der Muskelmasse (ES = 0,47–7,05) und der anaeroben Leistung (ES = 2,26) berichtet (Choi et al. 2021; Jagim et al. 2018; Lanhers et al. 2017; Mielgo-Ayuso et al. 2019; Pashayee-Khamene et al. 2024; Wu et al. 2022). Nach Lanhers et al. (2017) war die Wirkung auf die Kraft der oberen Gliedmaßen bei Übungen mit einer Dauer von weniger als 3 min unabhängig von Population, Trainingsprotokollen und Supplementierungsdosen oder -dauer gegeben. Die Ergebnisse von Desai et al. (2024) ergaben, dass 7 g oder 0,3 g/kg KG Kreatin pro Tag im Vergleich zu Widerstandstraining alleine die FFM bei trainierten und untrainierten Personen bis zum 50. Lebensjahr um 1 kg erhöhen und die Fettmasse (FM) um 0,7 kg reduzieren konnte. Trotz Leistungssteigerungen konnte nur ein sehr kleiner Effekt (ES = 0,11) beim Zuwachs der Muskelmasse festgestellt werden (Burke et al. 2023). Analysen zu moderierenden Effekten zeigten, dass Kreatin bei jüngeren im Vergleich zu älteren Erwachsenen (ES = 0,17) einen größeren Nutzen hatte (Burke et al. 2023), wobei diese Aussage durch eine andere Meta-Analyse nicht bestätigt werden konnte (Delpino et al. 2022). Wang et al. (2024) zeigten, dass eine Kreatin-Aufnahme in Verbindung mit einem Widerstandstraining die Muskelkraft der oberen und unteren Extremitäten bei Erwachsenen unter 50 Jahre um 4,43 bzw. 11,35 kg verbesserte, wobei die Vorteile bei Männern größer waren als bei Frauen. Bei Dos Santos et al. (2021) steigerte sich die Maximalkraft der oberen (ES = 0,41) und unteren Extremitäten (ES = 0,44) bei älteren Frauen (56–70 Jahre) nur signifikant im Vergleich zu reinem Krafttraining, wenn das Training mindestens 24 Wochen anhielt. Abschließend kann konstatiert werden, dass eine positive Wirkung von Kreatin bei allen Geschlechtern sowie bei Jugendlichen, jüngeren Erwachsenen und älteren Menschen berichtet wurde. Je nach Ausmaß des Anstiegs des Muskelkreatinspeichers konnten Leistungssteigerungen bei hochintensiven und/oder wiederholten Übungen im Allgemeinen um 10–20 % berichtet werden (Kreider et al. 2017).

2.2.2 Praktische Anwendung

Kreatin als NEM wird auf dem Markt in unterschiedlichen Formen angeboten (z. B. Kreatincitrat, -ethylester, -monohydrat, -nitrat, -pyruvat). Der Goldstandard ist jedoch Kreatinmonohydrat. Studien bescheinigen Kreatinmonohydrat eine hohe Bioverfügbarkeit, Lagerungsstabilität, Wirksamkeit und Sicherheit bei geringen Kosten (Kreider et al. 2022). Zudem enthält Kreatinmonohydrat die größte Menge an Kreatin (87,9 %) im Vergleich zu anderen Formen (z. B. 59,8 % bei Kreatinpyruvat). Um die Löslichkeit von Kreatinmonohydrat zu verbessern, kann die Flüssigkeit erwärmt oder einem Tee beigemischt werden. So lösen sich etwa 14 g Kreatin in einem Liter Wasser bei 20 °C und 34 g/l bei 50 °C auf. Als Alternative kann das Pulver auch in Flüssigkeiten mit geringem pH-Wert eingerührt werden (z. B. Säfte oder Sportgetränke). Dies beeinflusst aber nicht die Bioverfügbarkeit, solange das gelöste oder feste Kreatinmonohydratpulver in einer physiologisch wirksamen Menge aufgenommen wird, sondern reduziert lediglich den Bodensatz im Glas. Eine weitere Verbesserung der Kreatinaufnahme kann dagegen über die parallele Aufnahme von Kohlenhydraten oder Proteinen erfolgen (Kreider et al. 2017). Um die Kreatinspeicher des Körpers aufzufüllen, sind kleinere tägliche Dosierungen von 3–5 g oder 0,1 g/kg KG pro Tag wirksam, wenn sie mindestens über 4 Wochen eingenommen werden. Daher ist eine Kreatin-Ladephase nicht erforderlich, aber durchaus möglich, indem 0,3 g/kg für 5–7 Tage und anschließend 0,03 g/kg (3–5 g/Tag) zur Erhaltung zugeführt werden. In der Ladephase wird die Dosis über vier Zeitpunkte verteilt aufgenommen. Wenn die Kreatinspeicher gesättigt sind, dann reichen täglich 3–5 g/Tag aus, um die Größe zu erhalten. Größere Personen könnten sogar zum Erhalt des Speichers 5–10 g/Tag benötigen. Laut Studienergebnissen senkt sich der intramuskuläre Kreatinphosphatspiegel nach 4–6 Wochen wieder auf das Ausgangsniveau ab (Antonio et al. 2021).

2.2.3 Nebenwirkungen

Die International Society of Sports Nutrition (ISSN) verweist darauf, dass gesunde Menschen Kreatinpräparate gefahrlos einnehmen können (Kreider et al. 2017). Eine kurz- und langfristige Zufuhr (bis zu 0,8 g/kg/Tag über einen Zeitraum von 5 Jahren) bei gesunden Personen und einer Reihe von Patientengruppen – von Säuglingen bis zu älteren Menschen – ist sicher und gut verträglich (Jagim et al. 2018). Die Einnahme in der empfohlenen Dosierung führt bei gesunden Personen nicht zu Nierenschäden und/oder Nierenfunktionsstörungen. Die Mehrzahl der verfügbaren Belege stützt keinen Hinweis zwischen der Einnahme von Kreatin und Haarausfall/Kahlheit oder einer Erhöhung der Fettmasse. Des Weiteren führt das NEM weder zu Dehydration noch zu Muskelkrämpfen. Auch eine Wasserretention im Körper, die zu Beginn einer Einnahmephase über eine Gewichtszunahme zu beobachten ist, kann durch langfristige Studien nicht bestätigt werden. Das intra- oder extrazelluläre Gesamtwasser des Körpers im Verhältnis zur Muskelmasse scheint sich nicht zu ändern (Antonio et al. 2021). Darüber hinaus kann eine gewohnheitsmäßige niedrige Kreatinzufuhr (z. B. 3 g/Tag) über die gesamte Lebensspanne sogar erhebliche gesundheitliche Vorteile bieten. Unter Aufsicht ist auch eine Zufuhr bei Kindern und Jugendlichen akzeptabel, wenn intensives Wettkampftraining absolviert und grundlegend auf eine ausgewogene und leistungsunterstützende Ernährung geachtet wird (Kreider et al. 2017).

2.3 Koffein

Koffein ist eine organische Verbindung und gehört zur Stoffklasse der Alkaloide, genauer zu den Xanthinen. Etwa 80 % der Weltbevölkerung konsumiert regelmäßig koffeinhaltige Mahlzeiten oder Getränke. Die beliebtesten Nahrungsquellen für Koffein sind Kaffee, Tee, Schokolade und Softdrinks.

2.3.1 Ergogene Effekte

2.3.1.1 Ausdauer

Koffein als ergogenes Mittel bei Ausdauerbelastungen ist vielfach durch Meta-Analysen belegt worden (Grgic et al. 2020). Die positive Wirkung konnte unabhängig vom durchgeführten Testtyp (TT, TTE, Stufentests) bestätigt werden (Christensen et al. 2017; Doherty und Smith 2004; Grgic et al. 2020). Dabei konnten bei den unterschiedlichen Tests kleine bis mittlere Effekte auf die sportliche Leistung nachgewiesen werden. Bei den unterschiedlichen Ergebnissen ist zu beachten, dass die Steigerungen bei TTE deutlich größer ausfielen als bei TT, wobei dies durch die großen Leistungsschwankungen und die geringere Reliabilität der Tests begründet werden kann. Laut Doherty und Smith (2004) konnte unabhängig vom Testtyp eine Leistungssteigerung von 12 % durch die Zufuhr von Koffein festgestellt werden. Mit Blick auf TT, welche einen sportlichen Wettkampf besser simulieren, konnte eine Steigerung der Leistung um 1,9 % nachgewiesen werden, das bei einem Radfahrer mit einer Bestzeit von 60 min auf 40 km eine durchschnittliche Steigerung von 1,14 min bedeuten könnte (Doherty und Smith 2004). Meta-Analysen zu TT fanden eine größere Leistungssteigerung von 2,2–3,2 % (Chen et al. 2024; Southward et al. 2018). Auch die Ruderleistung konnte über eine Distanz von 1000 m um 4,1 s gesteigert werden (Grgic et al. 2020). Ebenso wurde beim Stufentest Yo-Yo intermittent recovery test level 2 (YYIR2) eine Leistungssteigerung von 14,4 % festgestellt (Grgic et al. 2020). Selbst bei sehr kurzen und hochintensiven Belastungszeiten zwischen 45 s und 8 min lagen leistungssteigernde Effekte (ES = 0,41) vor (Christensen et al. 2017). In Spielsportarten konnten verschiedene Leistungsparameter durch Koffein verbessert werden (Gomez-Bruton et al. 2021). Ob der leistungssteigernde Effekt von Koffein mit zunehmender Belastungszeit zunimmt, ist nicht klar belegt. Shen et al. (2019) konnten nachweisen, dass die Effektgröße sich alle 30 min um 0,15 erhöht und somit Wettkämpfe mit langer Belastungszeit von der Koffeinwirkung deutlicher profitieren könnten. Im Gegensatz dazu steht das Ergebnis von Southward et al. (2018), die keinen zeitabhängigen Effekt nachweisen konnten. Zusammenfassend ist festzuhalten, dass alle Meta-Analysen ergogene Effekte berichteten (ES = 0,22–0,61).

2.3.1.2 Kraft

Die isokinetische Maximalkraft der Beinstrecker konnte um 6,1 % (ES = 0,19) gesteigert werden. Bei kleineren Muskelgruppen wurden keine signifikanten Unterschiede trotz einer Steigerung um 3,9 % zwischen Koffein- und Placebo-Bedingung festgestellt. Zudem verbesserte Koffein die isokinetische Maximalkraft vor allem bei Winkelgeschwindigkeiten von 60° und 180° (Grgic und Pickering 2019). Ähnliche Ergebnisse lieferte die Meta-Analyse von Warren et al. (2010), die einen statistisch signifikanten und kleinen Effekt (ES = 0,19) auf die Maximalkraft nachweisen konnten, der einer Steigerung der maximal willkürlichen Kraftentfaltung von 4 % entsprach. Besonders die Beinstrecker als große Muskelgruppe hoben sich von den kleineren Muskelgruppen ab und zeigten eine Steigerung um 7 %. Eine noch größere Verbesserung der Leistung um 14 % (ES = 0,28) wurde für die Kraftausdauer belegt (Warren et al. 2010). Werden klassische Widerstandsübungen an

Großgeräten (Brustpresse, Beinpresse, Bizepscurl) zur Überprüfung der ergogenen Wirkung herangezogen, dann konnte Koffein die Maximalkraft nicht steigern. Für die Kraftausdauer wurde ein moderater Effekt (ES = 0,38) festgestellt (Polito et al. 2016). In einer Studie im Sportspiel konnte aufgezeigt werden, dass viele erhobene Variablen, die stark von der Kraft abhängig sind, durch Koffein gesteigert werden konnten: Wurfgeschwindigkeit (ES = 0,44), Vertikalsprung mittels Countermovement Jump (ES = 0,21), Handgriffkraft (ES = 0,40) und Sprintleistung (ES = 0,35). Im Gegensatz dazu wurden keine Steigerungen für die wiederholte Sprintfähigkeit (ES = 0,15), Agilität (ES = 0,14) und Squad Jumps (ES = 0,24) gefunden (Gomez-Bruton et al. 2021). Als Fazit lässt sich konstatieren, dass 80 % der Meta-Analysen positive Effekte durch Koffein auf die Maximalkraftleistungen nachweisen konnten (Grgic und Pickering 2019; Grgic et al. 2018; Warren et al. 2010; Wu et al. 2024). Drei Meta-Analysen zeigten ergogene Effekte auf die Kraftausdauer (Polito et al. 2016; Warren et al. 2010; Wu et al. 2024) und jeweils eine Meta-Analyse berichtete Leistungssteigerungen bei Vertikalsprüngen (Grgic et al. 2018) sowie anaeroben Leistungen mittels Wingate-Test (Grgic 2018). Grundsätzlich wurden ergogene Effekte auf die Muskelgruppen am Oberkörper und den Beinen für die Maximalkraft und Kraftausdauer festgestellt (Wu et al. 2024).

2.3.2 Praktische Anwendung

Koffein ist bei Ausdauer- und Kraftleistungen ab einer Dosis von 3 mg/kg KG zuverlässig wirksam. Die Minimaldosis liegt bei 2 mg/kg. Im Allgemeinen wurde in den Studien zwischen 3 und 6 mg/kg verabreicht (am häufigsten lag die Dosis bei 6 mg/kg). Eine höhere Dosis von 9 mg im Vergleich zu 6 mg/kg konnte keine weitere signifikante Leistungssteigerung verursachen. Lediglich die Nebenerscheinungen stiegen an (Bougrine et al. 2024). Die Zufuhr sollte bei der Verwendung von Kapseln oder Kaffee etwa 45–60 min vor der Belastung aufgenommen werden, sodass sich das Koffein und seine Metabolite im Körper verteilen können. Die Halbwertszeit von Koffein beträgt i. d. R. 4–6 h (Guest et al. 2021). Koffein kann über Kapseln, Tabletten, Kaugummi, Energie-Gels oder Getränke erfolgen (Tab. 2.2). Kapseln und Getränke haben den Vorteil, dass sie eine gewichtsbezogene Dosierung zulassen. Tabletten gibt es mit einer maximalen Dosis von 200 mg. Hier müsste anhand des KG geprüft werden, ob die relative Dosis noch im ergogenen Bereich liegt, oder bei Zufuhr von 2 Tabletten dieser überschritten wird. Bei Koffein-Kaugummis und Energy-Gels liegen die Mengenangaben pro Stück meistens unter 100 mg. Solange die Dosis im ergogenen Bereich liegt, zeigten alle Darreichungsformen eine leistungssteigernde Wirkung (Guest et al. 2021). Selbst

Tab. 2.2 Anwendung von Koffein (Bäcker und Jaitner 2023; Barreto et al. 2023; Grgic et al. 2020)

	Kapseln	Energydrink	Kaugummi
Einsatz	Aerobe/anaerobe Ausdauer; Maximalkraft, Schnellkraft, Kraftausdauer		
Dosierung	3–6 mg/kg	2 mg/kg	≥3 mg/kg
Einnahmezeit vor Belastung	60 min	60 min	<15 min; Kauen für 5–10 min

adas sogenannte Mundspülen mit Koffein ohne Schlucken der Flüssigkeit konnte in wenigen Studien zu einer Leistungssteigerung führen, zeigte aber keine signifikanten Effekte (ES = 0,11) (Nabuco et al. 2023). Aufgrund unterschiedlicher Resorptionswege müssen gegebenenfalls die Einnahmezeiten vor dem Wettkampf angepasst werden (Guest et al. 2021). In zwei Meta-Analysen konnte über einen indirekten Vergleich mit unterschiedlich trainierten Probanden festgestellt werden, dass keine signifikanten Unterschiede vorlagen und somit wird angenommen, dass ähnliche Wirkungen durch Koffein bei unterschiedlichen Leistungsniveaus vorliegen (Shen et al. 2019; Warren et al. 2010). Der Anteil an Frauen in den Studien ist sehr gering und daher sind die ergogenen Ergebnisse bei Frauen weniger nachgewiesen worden. Dennoch gibt es Hinweise, dass die leistungssteigernde Wirkung unabhängig vom Geschlecht sein sollte (Shen et al. 2019).

2.3.3 Nebenwirkungen

Häufige verursachte Nebenwirkungen sind Herzrasen, Angstzustände oder Nervosität, Entzugserscheinungen, Kopfschmerzen, Muskelschmerzen, Schlaflosigkeit und Beeinträchtigung der Schlafqualität, gastrointestinale Probleme sowie eine größere Urinausscheidung. Der wichtigste Faktor für das Auftreten und die Schwere von Nebenwirkungen ist die verwendete Dosis. Die Nebenwirkungen von Koffein scheinen linear mit der eingenommenen Dosis zuzunehmen (Pallarés et al. 2013). Bei geringen Dosen wurden nur in seltenen Fällen Nebenwirkungen berichtet (Pallarés et al. 2013). Eine akute klinische Toxizität tritt erst bei deutlich höheren Mengen von 1 g auf (Seifert et al. 2011). Da eine höhere Koffeinzufuhr mit prenatalen Risiken bei schwangeren Frauen assoziiert ist (z. B. Wachstumsstörungen des Kindes, Fehlgeburten), sollte die Aufnahme laut der WHO auf maximal 300 mg täglich beschränkt werden. Zudem sollten Personen, die unter Bluthochdruck oder Herzrhythmusstörungen leiden, auf jeden Fall vor der Einnahme mit dem Arzt sprechen (Reddy et al. 2024). Auch Kinder und Jugendliche sollten beim Konsum vorsichtig sein. Koffeinaufnahmen über 3 mg/kg/Tag deuten darauf hin, dass bei den genannten Tagesdosen schädliche Wirkungen auftreten können (Störung des Schlafzyklus, Angstzustände, Depression) und somit die positiven Effekte auf Aufmerksamkeit und körperlicher Leistungsfähigkeit überdecken. Bei niedrigen Dosen (1 mg/kg/Tag) ist dies seltener der Fall, daher wurde als Empfehlung eine maximale Koffeindosis von 2,5 mg/kg/Tag als akzeptabel angesehen (Wikoff et al. 2017).

2.4 Natriumhydrogencarbonat

Natriumhydrogencarbonat ($NaHCO_3$), auch als Natriumbikarbonat bezeichnet, ist ein wichtiger Bestandteil des menschlichen Säure-Basen-Haushalts. Im Alltag begegnet uns $NaHCO_3$ als Bestandteil von Backpulver oder Mineralwasser mit hohem HCO_3-Gehalt.

2.4.1 Ergogene Effekte

2.4.1.1 Ausdauer

Die Evidenz zu ergogenen Effekten von $NaHCO_3$ ist gut. Entscheidender Faktor für den Nachweis ist die richtige Belastungsdauer einer sportlichen Aktivität. Es konnten vor allem hochintensive bis intensive Belastungen (Laufen, Radfahren, Rudern, Schwimmen), die einmalig mit einer Dauer von 30 s bis 12 min ausgeführt wurden, von einer Supplementation profitieren (Christensen et al. 2017). Eine Supplementation im Schwimmen über die Strecken 200 und 400 m zeigte eine Leistungssteigerung von 1,3 % (ES = 0,22) (Grgic und Mikulic 2022). Im YYIR2 wurde durch $NaHCO_3$ eine Steigerung von 16 % (ES = 0,36) erzielt (Grgic et al. 2020). Über dieses Zeitfenster hinaus wurden weniger häufig Leistungssteigerungen nachgewiesen. Diese sind aber nicht ausgeschlossen, wenn z. B. in einem Radrennen kurze extreme Belastungen in Form eines Anstiegs oder Zielsprints vorkommen sollten (Grgic et al. 2021). Genauso kann eine ergogene Wirkung bei intermittierenden und sich wiederholenden Belastungen auftreten. Dies könnte in den Spielsportarten Basketball, Fußball, Hockey oder Kampfsportarten Judo, Boxen und Karate der Fall sein. Speziell durch die kurzen Erholungspausen kann eine Alkalose auftretende Ermüdungserscheinungen verzögern. Dieser Effekt tritt aber vor allem auf, wenn die Pausen zwischen den Belastungen unzureichend sind und eine unvollständige Erholung vorliegt, sodass die Pufferkapazitäten wirksam werden können (Grgic et al. 2021). Mit Blick auf die Testform kann konstatiert werden, dass eine Leistungssteigerung i. d. R. für TTE, aber nicht bei TT, nachgewiesen werden konnte (Lino et al. 2021). Die ergogenen Effekte beruhen zumeist auf männlichen Personen. Dennoch kann anhand der kleinen Anzahl an Studien mit Frauen festgehalten werden, dass das Geschlecht keine Rolle spielt (ES = 0,37) (Saunders et al. 2022). Untrainierte (ES = 0,59) profitierten mehr von einer Zufuhr als trainierte Personen (ES = 0,18). Dieser Effekt trat vor allem bei kürzeren (<2 min) und mittleren Belastungen (2–10 min) stärker auf, jedoch nicht mehr bei Studien mit langer Belastung ($\geq$10 min) (Peart et al. 2012).

2.4.1.2 Kraft

Für die Maximalkraft und Kraftausdauer liegen einige Untersuchungen über ergogene Effekte vor. Eine Meta-Analyse zu Kraftausdauerleistungen ergab vergleichbare Effekte (ES = 0,37) wie bei Ausdauerbelastungen. Die Steigerung der Leistung konnte bei kleinen (ES = 0,31) und großen Muskelgruppen (ES = 0,40) belegt werden. Dagegen bewirkte $NaHCO_3$ keine Verbesserung bei Maximalkraftleistungen (Grgic et al. 2021). Entscheidende Faktoren waren die Belastungszeit sowie -intensität. War die Intensität zu hoch, dann verkürzte sich die Zeit des arbeitenden Muskels und die Pufferwirkung von $NaHCO_3$ konnte nicht wirksam werden. Zudem lag bei intensiver isometrischer Muskelarbeit durch die Kontraktion eine Verengung der Blutgefäße vor, welche zu einer schlechten Durchblutung führte und somit die Freisetzung von Laktat, H^+ und K^+ aus den Muskeln minimierte und daher die Vorteile durch $NaHCO_3$ verringerte (Grgic et al. 2021).

2.4.2 Praktische Anwendung

Die optimale Dosierung liegt bei 0,3 g/kg KG. Höhere Dosen von bis 0,5 g/kg führten zu keinen weiteren ergogenen Effekten. Jedoch traten deutlich mehr Nebenwirkungen auf. Kleinere Dosen unter 0,3 g/kg dagegen verursachten eine zu geringe Alkalose, um einen leistungssteigernden Effekt auslösen zu können. Studien mit einer Dosierung von 0,2 g/kg weisen vergleichbare Resultate zu Studien mit größeren Dosen auf, jedoch sind die positiven Effekte nicht garantiert (Grgic et al. 2021). Die gewählte Darreichungsform war zumeist in Kapselform gegeben. Leistungssteigernde Wirkungen sollten jedoch keinen Unterschied in Bezug auf die Applikation zeigen. Lediglich die Resorptionswege des $NaHCO_3$ verlagern sich bei Kapselform vom Magen-Darm-Bereich in den Darm. Ein Vergleich der Darreichungsformen ergab weniger Magen-Darm-Probleme, die zudem vom

Tab. 2.3 Anwendung von Natriumhydrogencarbonat (Grgic et al. 2021)

	Lösung (akut)	Kapseln (akut)	Kapseln (chronisch)
Einsatz	Intensive Dauerbelastungen (30 s bis 12 min) und (hoch-)intensive Intervallbelastungen		
Dosierung	0,3 g/kg in 500 ml Wasser	0,3 g/kg	0,4–0,5 g/kg
Einnahmezeit vor Belastung	60–90 min oder verteilt (z. B. 90 und 60 min)	60–180 min oderverteilt (z. B. 120, 90, 60 min)	3–7 Tage Je 1/3 der Gesamtdosis zum Frühstück, Mittag- und Abendessen

Schweregrad auch weniger ausgeprägt waren, wenn $NaHCO_3$ in Kapseln aufgenommen wurde. Zu beachten ist auch, dass die maximale $NaHCO_3$-Konzentration im Blut bei einer Lösung schneller erreicht wird (etwa 60–90 min) als bei einer Kapselaufnahme (90–180 min) (Hilton et al. 2019) und ebenso von der Zufuhrmenge abhängig ist: die Zeitspannen, in der die maximale Konzentration von $NaHCO_3$ bei einer Dosis von 0,1, 0,2 und 0,3 g/kg bei den Testpersonen gemessen werden konnte, lagen bei 30–150, 40–165 und 75–180 min (Jones et al. 2016). Trotz der inter-individuellen Reaktionen konnten bei einer Dosis von 0,3 g/kg, und einem Zufuhrzeitpunkt zwischen 60 und 180 min vor der Belastung immer ergogene Effekte nachgewiesen werden und das NEM führte zu einer lang anhaltenden Erhöhung des Plasma-Bikarbonatspiegels (Grgic et al. 2021). Neben der akuten Zufuhr kann $NaHCO_3$ auch über mehrere Tage aufgenommen werden. Dieses Zufuhrprotokoll bedarf aber einer größeren Menge von 0,5 g/kg (Tab. 2.3). Es wurde sogar festgestellt, dass bei Tests über mehrere Tage eine chronische Zufuhr bis zur ersten Testung noch positive Wirkungen auf die Leistungen an den Folgetagen hatte (Grgic et al. 2021).

2.4.3 Nebenwirkungen

Häufig auftretende Nebenwirkungen von $NaHCO_3$ sind Blähungen, Übelkeit, Erbrechen und Bauchschmerzen. Die Nebenwirkungen schwanken von Person zu Person in ihrer Häufigkeit und ihrem Schweregrad, sind aber i. d. R. gering. Mit ansteigender Dosis können auch die Nebenwirkungen zunehmen. Um mögliche negative Einflüsse auf die sportliche Leistung zu verhindern, sollten vorsichtshalber geringere Dosen ($\leq$0,3 g/kg) frühzeitig (180 min) vor der Belastung eingenommen werden. Sollten schon Erfahrungen mit $NaHCO_3$ vorliegen und individuelle Reaktionen auf die Zufuhr bekannt sein, dann könnte der Zeitpunkt dementsprechend angepasst werden. Häufig wird berichtet, dass Nebenwirkungen etwa 90 min nach der Einnahme auftreten. Hilfreich kann auch die Zufuhr zusammen mit einer kohlenhydrathaltigen Mahlzeit sein (~1,5 g/kg) (Grgic et al. 2021). Jedoch sollten nicht alle Menschen bedenkenlos $NaHCO_3$ einnehmen. Menschen mit Bluthochdruck könnten durch eine Zufuhr den Blutdruck weiter erhöhen. Möglich wären auch größere Ansammlungen von Flüssigkeiten im Körper durch das aufgenommene Natrium, wodurch die Belastung des Herzens bei Patienten mit Herz-Kreislauf-Erkrankungen erhöht werden kann (Yang et al. 2024). Vorsichtig sollte man auch sein, wenn bereits andere basische Stoffe oder Medikamente eingenommen werden, die bereits einen Effekt auf den pH-Wert haben können.

2.5   Nitrate

Nitrat (NO_3^-) ist in größeren Mengen in Spinat, Feldsalat, Rote Bete und Rucola zu finden. Jedoch müssten hiervon sehr große Mengen gegessen werden, um die ergogene Dosis zur Steigerung der sportlichen Leistung zu erreichen. Zudem schwanken die NO_3^- Gehalte je nach Herkunft der Gemüsesorten stark. Daher werden für eine gezielte Leistungssteigerung gerne Konzentrate als Saft oder Extrakte abgefüllt in Kapseln eingesetzt, um eine verlässliche Dosis an NO_3^- zuführen zu können.

2.5.1   Ergogene Effekte

2.5.1.1   Ausdauer

NO_3^- wurde häufig bei submaximalen sowie hochintensiven, intermittierenden, kurzzeitigen Belastungen untersucht. Signifikante Effekte wurden bei einer Belastung von bis zu 30 min (ES = 0,15) gefunden (d'Unienville et al. 2021), wenn Belastungen mit primär aerober Energieversorgung betrachtet wurden. Bis zu einer Dauer von 10 min konnten unabhängig vom Testtyp (TTE oder TT) signifikante Wirkungen nachgewiesen werden (ES = 0,12–0,32). Lediglich in der Zeitspanne von 10–30 min konnte eine signifikante Leistungssteigerung nur bei TTE-Tests festgehalten werden (ES = 0,16), bei TT war die Verbesserung aber trotz eines kleinen Effekts von 0,12 knapp nicht signifikant (d'Unienville et al. 2021). Eine Meta-Analyse, welche speziell TT untersuchte, wies bei Belastungen unter 3 min unabhängig vom Trainingszustand keine ergogenen Effekte (ES = 0,03–0,12) nach (Campos et al. 2018). Dass die Wirkung durch NO_3^- deutlicher bei TTE auftritt und kaum bei TT, belegten auch weitere Meta-Analysen (Campos et al. 2018; Tian

Tab. 2.4 Leistungssteigernde Effekte durch Nitrate abhängig von der individuellen maximalen Sauerstoffaufnahmekapazität (VO_2max) eines Sporttreibenden (d'Unienville et al. 2021)

VO_2max (ml/kg/min)	Anzahl Studien/ Anzahl Probanden	Effektgröße	Signifikanzwert p
Frauen: <37 Männer: <45	1/14	−0,29	0,156
Frauen: 37–47,9 Männer: 45–54,9	23/290	0,24	<0,001
Frauen: 48–53,9 Männer: 55–64,9	15/154	0,18	<0,001
Frauen: 54–58 Männer: 65–71	8/87	0,03	0,762
Frauen: >58 Männer: >71	6/57	−0,02	0,821

et al. 2025; Van De Walle und Vukovich 2018). Dabei konnten für TTE-Tests Steigerungen von 4–25 % und bei TT von 1–3 % festgestellt werden (Maughan et al. 2018). Ab 30 min Belastung werden dem NEM keine ergogenen Wirkungen mehr nachgesagt (d'Unienville et al. 2021). Die Leistungssteigerungen wurden beim Laufen, Schwimmen und Radfahren belegt, aber nicht beim Rudern. In Abhängigkeit vom Leistungsniveau ist zu konstatieren, dass mit zunehmendem Leistungsstand (VO_2max) die Wirkung von NO_3^- nachlässt und die unterstützende physiologische Wirkung durch das Supplement keine Rolle mehr spielt (Tab. 2.4). Diese unterschiedliche Wirkung von Roter Bete bei trainierten und untrainierten Personen wurde auch in weiteren Meta-Analysen nachgewiesen (Campos et al. 2018; Hlinsky et al. 2020; Van De Walle und Vukovich 2018). Die erzielte Leistungssteigerung durch Rote Bete nahm mit zunehmenden Leistungsniveau stetig ab, wenn Freizeit-/Breitensportler (2,63–2,83 %) und Leistungssportler (0,31–0,49 %) unterschieden wurden (Hlinsky et al. 2020).

Studien mit Frauen wurden deutlich weniger durchgeführt und die bisher berichteten Erkenntnisse basieren zumeist auf den Ergebnissen von Männern (Tab. 2.4). Studien nur mit Frauen zeigten keine ergogene Wirkung (ES = 0,12) durch NO_3^- (Senefeld et al. 2020), obwohl keine Unterschiede beim Nitrat-Nitrit-Stickstoffmonoxid-Abbauprozess zwischen den Geschlechtern aufgezeigt werden konnten (Kapil et al. 2018, S. 116). Alsharif et al. (2023) untersuchten den Nutzen von NO_3^--haltigen NEM oder Lebensmitteln bei intermittierenden Belastungen (Dauer unter 1 min; Pausenlänge von 10–300 s). In diesem Übergangsbereich zwischen Anforderungen an die Ausdauer- und Kraftfähigkeit konnte die Laufstrecke bei TTE-Tests signifikant gesteigert werden (ES = 0,27). Dagegen verbesserte sich sowohl die verrichtete Arbeit (ES = 0,06) als auch die maximal erzeugte Leistung (ES = 0,01) während der Tests nicht. Lediglich die durchschnittliche Leistung (ES = 0,20) konnte durch die NO_3^--Zufuhr signifikant erhöht werden (Alsharif et al. 2023; Tian et al. 2025).

2.5.1.2 Kraft

Die verbesserten kontraktilen Eigenschaften durch eine Zufuhr von NO_3^- zeigten sich bei kurzen, hochintensiven, dynamischen Belastungen (<30 s) durch eine verbesserte maximale (ES = 0,25) und durchschnittliche Leistung (ES = 0,28). Eine Prüfung der maximalen isokinetischen Kraft bei unterschiedlichen Winkelgeschwindigkeiten (60–360°) zeigte zusätzlich, dass trotz zunehmender Effektgrößen (ES = -0,11–0,16) keine signifikante Veränderung eintrat (Lago-Rodríguez et al. 2020). Anzumerken ist, dass diese Ergebnisse nicht pauschalisiert werden können und abhängig vom Leistungsniveau sind. Eine Meta-Meta-Analyse konnte für professionelle Athlet*innen eine signifikante Steigerung der Maximalkraft (ES = 0,27) festhalten, nicht jedoch für trainierte Personen (ES = 0,08) (Tian et al. 2025). Die Wirkung auf die Explosivkraft bei Bewegungen unter 6 s ist teilweise gegeben, sodass von einem potenziellen ergogenen Effekt gesprochen werden kann (Rimer et al. 2016). Leistungssteigerungen zeigten sich bei sprintartigen Bewegungen und widerstandbasierten Belastungen bei 40 % der Studien (Tan et al. 2022). Speziell bei der Überprüfung von Leistungssteigerungen beim Wingate-Test wurde deutlich, dass die oben beschriebenen Verbesserungen in der ersten Hälfte des 30-Sekunden-Radsprints auftraten und folglich kurze, einmalige oder sich wiederholende Belastungen von einer NO_3^- Zufuhr profitieren könnten (Cuenca et al. 2018; Domínguez et al. 2017). Dies deutet darauf hin, dass bei Sportarten mit hochintensiven Aktionen, bei denen eine schnelle Beschleunigung von entscheidender Bedeutung ist, eine Nahrungsergänzung mit NO_3^- dazu führen könnte, dass die Höchstgeschwindigkeit schneller erreicht wird (Jones 2022).

2.5.2   Praktische Anwendung

Sowohl akute als auch mehrtägige (typischerweise 3–7 Tage) Supplementierungsprotokolle zeigten ihre Wirksamkeit (Tab. 2.5). Eine Steigerung des Effekts durch eine mehrtägige Supplementation im Vergleich zu einer einmaligen Zufuhr liegt aber nicht vor. Dennoch belegen die Ergebnisse eine geringere Streuung bei den ergogenen Effekten, wenn Rote Bete Saft über mehrere Tage im Vergleich zu einer akuten Dosis direkt vor der Belastung zugeführt wurde (Tian et al. 2025). Analysen ergaben zudem, dass neben der Dauer die Effekte bei den unterschiedlichen

Tab. 2.5 Anwendung von Rote Bete Saftkonzentrat (Jones 2022; Rimer et al. 2016)

	Akut	Chronisch
Einsatz	(Hoch-)Intensive, ausdauernde oder maximale, kurze Belastungen	
Dosierung	140 ml (~11,2 mmol oder 800–1000 mg NO_3^-) oder 2 × 70 ml	3–7 Tage vor und am Wettkampftag: 70–140 ml/Tag
Einnahmezeit vor Belastung	2–3 h oder 180 und 150 min	Tage vor dem Wettkampf: etwa zur gleichen Zeit Am Wettkampftag: 2–3 h

Interventionen auch unabhängig von der täglichen NO_3^--Dosis sein sollen (d'Unienville et al. 2021). Die aktuellsten Erkenntnisse über eine wirksame akute oder mehrtägige Dosis von NO_3^- liegen zwischen 8,3 und 16,4 mmol (515–1017 mg) (Tian et al. 2025).

Die Bioverfügbarkeit von NO_3^- aus Roter Bete beträgt etwa 100 % und die Plasmakonzentrationen von NO_3^- erreichen ihren Höhepunkt etwa nach 90–120 min (Plasmahalbwertszeit von ~6,1 h bei einer akuten Aufnahme) (Van De Walle und Vukovich 2018). Die letzte Dosis sollte daher mindestens 90 min vor der sportlichen Belastung eingenommen werden. Die natürliche Aufnahme über Gemüse (Rote Bete, Spinat und Rucola) scheint wirksamer zu sein als NO_3^- Salze, wobei der Verzehr eines Rote Bete Saftkonzentrats wahrscheinlich eine praktischere Strategie darstellt. Da die Skelettmuskulatur anscheinend als NO_3^--Reservoir dienen kann, eröffnet dies die Möglichkeit, dass eine ausreichende NO_3^--Versorgung an den Tagen vor einem Wettkampf zum Auffüllen der NO_3^--Speicher im Muskel ausreichend sein kann, ohne dass kurz vor dem Wettkampf eine erhöhte Dosis zugeführt werden müsste (A. M. Jones 2022).

2.5.3 Nebenwirkungen

Nebenwirkungen sind meist mild und vorübergehend. Es handelt sich i. d. R. um ein Unwohlsein im Magen-Darm-Trakt (Völlegefühl, Übelkeit, Durchfall). Selten werden Kopfschmerzen oder Schwindel erwähnt. Die rötliche Verfärbung des Urins (Beeturie) und des Stuhls ist normal und stellt kein Problem dar. Das Trinken eines Rote Bete Safts oder Saftkonzentrats kann die tägliche Höchstgrenze für die NO_3^--Aufnahme übersteigen. Eine erhöhte NO_3^--Aufnahme könnte zu einer gesteigerten Bildung von *N*-Nitrosoverbindungen (NOC, z. B. Nitrosamide, Nitrosamine) führen, die als potenziell krebserregende Verbindungen eingestuft werden.

Jedoch gibt es keine genauen Untersuchungen zum Zusammenhang zwischen Rote Bete Konsum und einem möglichen Krebsrisiko. Lediglich Ableitungen zu NO_3^--haltigem Trinkwasser oder zum Verzehr von Fleisch und Wurst können herangezogen werden und bestätigen, dass hohe Mengen an zugeführtem NO_3^- zu einer Steigerung von NOC im Urin oder Stuhl führten (Zamani et al. 2021). Rote Bete konnte zudem den Blutdruck senken. Daher sollte bei ohnehin niedrigem Blutdruck eine Zufuhr im Vorfeld geprüft werden (Zamani et al. 2021).

2.6   Polyphenole

Polyphenole sind in Früchten, Beeren und Gemüse zu finden und zählen zu den sekundären Pflanzenstoffen. Der Polyphenolgehalt in Beeren kann zwischen 30–2000 mg/100 g variieren. Bedeutende Polyphenole, die in die Subklasse der Flavonoide eingruppiert werden, sind die Anthocyane. Die schwarze Johannisbeere aus Neuseeland hat einen hohen Gehalt an Anthocyanen und stellt ein Beispiel für eine besondere Beere dar (Somerville et al. 2017; Willems et al. 2025).

2.6.1   Ergogene Effekte

Die bisher nachgewiesenen Wirkungen dieses NEM beziehen sich ausschließlich auf Ausdauerleistungen, da es im Bereich Kraft kaum Forschung gibt. Wenn Sprints oder hochintensive Intervalle zum Einsatz kamen, dann waren diese meist in ein Laufprotokoll eingebunden, welches z. B. die fußballerische Belastung simulieren sollte. Eine Übersichtsarbeit zur Wirkung von neuseeländischem schwarzem Johannisbeerextrakt bei Ausdauerbelastungen belegt, dass von 10 Studien 60 % einen ergogenen Effekt aufzeigten. Dabei profitierten die Athlet*innen durch eine Zufuhr von 105–315 mg Anthocyane bei kontinuierlichen (z. B. Radzeitfahren über 16,1 km, 5-km-Lauf) und intermittierenden Belastungen (z. B. Loughborough intermittent shuttle test) mit einer Leistungssteigerung von 1,3–10,8 % (Willems et al. 2025). Weitere eingesetzte Säfte oder Extrakte von Trauben, Montmorency-Kirschen und Äpfeln belegen ebenfalls positive Wirkungen (Cao et al. 2024). Beispielsweise zeigte der Einsatz von rotem Traubensaft (10 ml/kg) bei einem TTE-Test mit einer Intensität von 80 % VO_2max eine Leistungssteigerung um etwa 19 % oder 1,9 km (de Lima Tavares Toscano et al. 2020). Die positive Wirkung unterschiedlicher Flavonoide (z. B. Quercetin, Epicatechin) oder Lebensmittel (z. B. Blaubeere, Kakao, Haskap-Beere) konnten durch weitere Meta-Analysen belegt werden (Kressler et al. 2011; Pelletier et al. 2013; Wang et al. 2023).

Tab. 2.6 Anwendung von Polyphenolen (Braakhuis et al. 2020; de Lima Tavares Toscano et al. 2020; Keane et al. 2018)

	Kapseln (chronisch)	Saft (akut)	Saftkonzentrat (akut)
Einsatz	Intensive Dauer- und Intervallbelastungen (>10 min)		
Dosierung	1–2 Kapseln mit neuseeländischem schwarzen Johannisbeerextrakt (300–600 mg) Anthocyanmenge: 105–210 mg	10 ml/kg Traubensaft Polyphenolmenge: 3106 mg/L	60 ml Montmorency-Sauerkirschsaftkonzentrat mit 100 ml Wasser Anthocyanmenge: 73 mg
Einnahmezeit vor Belastung	Ladephase: 7 Tage zum Frühstück Belastungstag: 120 min	120 min	90 min

Bei TT (ES = 0,28) und TTE-Tests (ES = 0,23) bewirkte die Zufuhr einen signifikanten ergogenen Effekt. Weitere Analysen konnten festhalten, dass eine Leistungssteigerung aber nur bei Freizeitsportlern und/oder einer chronischen Zufuhr nachgewiesen werden konnte (Wang et al. 2023). Im Gegensatz dazu konnten d'Unienville et al. (2021) keine Abhängigkeit der Effekte vom Leistungsniveau oder von der Applikationsdauer feststellen. In Bezug auf die Belastungsdauer ist festzuhalten, dass eine Leistungssteigerung unabhängig vom Testtyp ab einer Zeit von über 10 min gemessen werden konnte (d'Unienville et al. 2021). Über alle einbezogenen polyphenolhaltigen Lebensmittel (u. a. Mandeln, Kakao, Schwarze Johannisbeere) lag ein ergogener Effekt in Höhe von 0,17 vor (d'Unienville et al. 2021). Ein deutlich größerer Effekt (ES = 0,45) zeigte die alleinige Wirkung der neuseeländischen schwarzen Johannisbeere (Braakhuis et al. 2020). Es kann resümiert werden, dass eine Leistungssteigerung durch Polyphenole erzielt werden kann. Diese ist aber stark abhängig von der zugeführten Menge an Polyphenolen und speziell der Anthocyanzusammensetzung. Zudem konnte eine Studie aufzeigen, dass die Wirkung personenabhängig ist und nur 50 % der Athlet*innen eine gesteigerte Leistung zeigen konnten (Perkins et al. 2024).

2.6.2 Praktische Anwendung

Polyphenole können über Saftkonzentrate, Pulver oder Extrakte aufgenommen werden (Tab. 2.6). Es gibt auch Kapseln mit extrahierten Anthocyanen in Pulverform. Es ist schwierig bei den zahlreichen Produkten auf dem Markt festzustellen, welche Menge an Polyphenolen bzw. konkret an Anthocyanen im Produkt enthalten sind, wenn diese nicht auf der Verpackung ausgewiesen werden. Basierend auf den Einnahmeprotokollen von Studien mit der neuseeländischen schwarzen Johannisbeere kann festgehalten werden, dass über 7 Tage 105–315 mg/Tag Anthocyane zuzuführen sind, um Leistungssteigerungen zu erzielen. I. d. R. wurden die Kapseln mit getrocknetem Johannisbeerextrakt zum Frühstück und am Belastungstag 2 h vor dem Test eingenommen. Die Anzahl der Kapseln richtet sich nach dem Gehalt an Anthocyanen im Extrakt. Ebenfalls in Kapseln können Quercetin (500–1000 mg/Tag) und Mate-Tee (5 g/Tag) in Pulverform über etwa eine Woche zugeführt werden, um die Leistung zu steigern (d'Unienville et al. 2021; Somerville et al. 2017).

2.6.3 Nebenwirkungen

Wenn Nebenwirkungen berichtet werden, dann treten diese nur bei sehr wenigen Personen auf. In einer Studie wurden geringe gastrointestinale Probleme bei einer Person aufgeführt. Darüber hinaus gab es keine Beschwerden (Somerville et al. 2017). Dennoch soll auf mögliche Probleme durch Polyphenole hingewiesen werden, obwohl in natürlichen Mengen (z. B. durch Obst, Gemüse, Tee, Beeren) Polyphenole sicher sind. Eine hochdosierte und isolierte Zufuhr über ein NEM kann folgende Auswirkungen haben: Polyphenole können pharmakologisch aktiv werden, antioxidative Gleichgewichte stören, Verdauungsenzyme beeinflussen und Arzneimittelinteraktionen verursachen (Duda-Chodak und Tarko 2023). Letztendlich ist die Wirkung immer von der Aufnahmemenge und der Einnahmedauer abhängig. Meistens wird von positiven Eigenschaften der Polyphenole gesprochen und Höchstgrenzen für die Aufnahme in Form eines Nahrungsergänzungsmittels sind nicht bekannt.

Leistungssteigernde Wirkung von Proteinen und Aminosäuren

3

3.1 Proteine

Proteine sind Baustoffe des Körpers und somit für den Aufbau und die Reparatur von Muskelgewebe sowie die Bildung von Enzymen und Hormonen verantwortlich. Über die Aufnahme von Nahrungsproteinen werden dem Körper 20 Aminosäuren zum Aufbau körpereigener Proteine zugeführt. Beim Muskelaufbau (Proteinbiosynthese) werden aus den Aminosäuren Muskelproteine zusammengesetzt.

3.1.1 Ergogene Effekte auf Ausdauer

Im Positionspapier der ISSN wurde den Proteinen eine unterstützende Wirkung auf die Reduktion von Muskelschmerzen und regenerative Prozesse zugesagt. Jedoch wurden ihnen keine ergogenen Effekte unterstellt. Bei einer chronischen Zufuhr parallel zu einem Ausdauertraining lagen widersprüchliche Ergebnisse vor und eine klare unterstützende Wirkung auf Anpassungen an ein Ausdauertraining wurde nicht ausgewiesen (Jäger et al. 2017). Für Ausdauerleistungen lässt sich aber inzwischen festhalten, dass die Zufuhr von Proteinen zusätzlich zu Kohlenhydraten bedingt Leistungssteigerungen verursachte. Proteine konnten aber nur dann einen akuten ergogenen Effekt hervorrufen, wenn eine suboptimale Kohlenhydratmenge während der Belastung von unter 60 g/h vorlag (McLellan et al. 2014). Weitere Meta-Analysen bestätigten, dass isokalorische Mengen an Kohlenhydraten mit Proteinen im Vergleich zu Kohlenhydraten keine Verbesserung zeigen (Kloby Nielsen et al. 2020; Stearns et al. 2010). Kloby Nielsen et al. (2020) wiesen

© Der/die Autor(en), exklusiv lizenziert an Springer-Verlag GmbH, DE, ein Teil von Springer Nature 2026
S. Zart, M. Fröhlich, *Nahrungsergänzungsmittel im Sport*, essentials,
https://doi.org/10.1007/978-3-662-73083-6_3

dagegen bei TTE-Tests (+3,34 min) und TT (−3,39 min) eine Leistungssteigerung nach, wenn zusätzlich zu Kohlenhydraten Proteine während oder/und bei vorgeschalteten Belastungen aufgenommen wurden. Der Effekt trat aber nur auf, wenn eine identische Kohlenhydratmenge mit und ohne ergänzender Proteine verglichen wurde (Kloby Nielsen et al. 2020). Ein positiver Effekt auf die Ausdauerleistung (ES = 0,29) und den Muskelglykogenspiegel durch eine Kohlenhydrat-Protein-Zufuhr wurde auch durch Zhao et al. (2024) bestätigt. Im Gegensatz dazu konnte eine isolierte Zufuhr großer Proteinmengen die Leistung (ES = 0,09) nicht verbessern (Zhao et al. 2024). Mit Blick auf eine chronische Einnahme parallel zu einem Ausdauertraining lagen Vorteile bei Ausdauergruppen mit Proteinsupplementation bezüglich der Steigerung der Muskelmasse (+0,51 kg), der VO_2max (+0,97 ml/kg/min) und der Leistung in einem TT (−31,9 s) vor. Unklar blieb aber, ob die Supplementation lediglich die notwendige habituelle Proteinzufuhr eines Ausdauersportlers zum Erhalt bzw. zum Aufbau von Muskelmasse korrigierte und somit die erforderliche Tagesdosis erfüllen konnte oder eine adäquate Proteinzufuhr additiv ergänzte (Lin et al. 2021). Folglich sollten Ausdauersportler auf eine ausreichende Proteinzufuhr (1,2–1,8 g/kg/Tag) achten, um die positiven Effekte auf Regeneration (Muskelschäden, subjektives Belastungsempfinden) und Anpassungsprozesse zu unterstützen (Jäger et al. 2017).

3.1.2 Ergogene Effekte auf Kraft

Die Einnahme parallel zu einem Widerstandstraining zeigte widersprüchliche Ergebnisse bezüglich der Steigerung der Maximalkraft. Laut Jäger et al. (2017) konnten zahlreiche Studien keine positiven Effekte nachweisen, obwohl Interventionsgruppen mit Protein im Vergleich zu Kontrollgruppen größere, aber nicht signifikante, Kraftzuwächse erzielten (Vieira et al. 2022). Ergänzende Übersichtsarbeiten und Meta-Analysen kamen jedoch zu dem Schluss, dass ein Krafttraining durch eine Proteinzufuhr positiv beeinflusst werden kann. Eine ergänzende Supplementierung führte zu einer zusätzlichen Erhöhung der FFM (bis zu 0,75 kg), Reduktion der FM (bis zu −0,75 kg), Vergrößerung des Muskelquerschnitts (+7,2 mm^2) und Verbesserung der Muskelkraft (1RM +2,49 kg) bei gesunden Personen (Cermak et al. 2012; Morton et al. 2018). Die positiven Wirkungen bei FFM und FM zeigten sich bei Li und Liu (2019) ausschließlich bei Personen unter 40 Jahren; der Effekt auf die Maximalkraft halbierte sich bei älteren Personen (ES = 0,15) im Vergleich zu Personen unter 40 Jahre. Bei Cermak et al. (2012) steigerten jüngere (<50 Jahre) und ältere Personen (>50 Jahre) gleichermaßen ihr 1RM in der Beinpresse im Durchschnitt um 13,5 kg und die Veränderung der FFM veränderte sich unabhängig vom Alter signifikant, auch wenn bei älteren Personen das Ausmaß geringer ausfiel. Eine noch größere Verbesserung des 1RM um 27 kg wurde bei Morton et al. (2018) festgestellt. Speziell bei älteren Personen wiesen mehrere Meta-Analysen unterschiedliche Wirkungen durch ein Krafttraining mit Proteinzufuhr nach. Nicht eindeutige Belege lagen vor, wenn eine erhöhte Proteinzufuhr mit einer habituellen Ernährung verglichen wurde. Die alleinige Erhöhung der Proteinmenge am Tag steigerte die FFM, die appendikuläre Muskelmasse und die Muskelkraft nur teilweise (Kirwan et al. 2022). Andere Studien dagegen zeigten positive Effekte durch eine Proteinerhöhung (Li et al. 2024). Die Studien belegten vielfach die Notwendigkeit eines Widerstandstrainings, um Effekte zu erzielen, wobei die Supplementation nicht immer eine weitere Steigerung der Muskelkraft verursachen konnte (Li et al. 2024; Zhao et al. 2024). Eine Meta-Meta-Analyse zeigte dagegen, dass eine Proteinzufuhr die Effekte eines Krafttrainings unterstützen konnte, denn die FFM (ES = 0,29) und die Muskelmasse (ES = 0,25) nahmen signifikant zu. Jedoch führte die Muskelmassenzunahme nur zu einer nicht signifikanten Steigerung der Muskelkraft (ES = 0,16) (Vieira et al. 2022). Daher kann die Empfehlung abgeleitet werden, dass ein langfristiges Widerstandstraining (>24 Wochen) mit Proteinsupplementation durchgeführt werden sollte, um einen zusätzlichen Effekt (9 %) durch die Proteine ausnutzen zu können, auch wenn der Zusammenhang dieser mit der körperlichen Leistung nicht immer klar gegeben war (Gielen et al. 2021; Morton et al. 2018).

3.1.3 Praktische Anwendung

Grundsätzlich sollte bei Ausdauer- und Kraftanforderungen die tägliche Proteinmenge über den Empfehlungen der Deutschen Gesellschaft für Ernährung liegen. Abgeleitet aus den Studienergebnissen sollten zwischen 1,4–2,0 g/kg/Tag aufgenommen werden (Jäger et al. 2017). Eine maximale Erhöhung der FFM ist mit einer Menge von etwa 1,62 g/kg/Tag anzunehmen. Morton et al. (2018) kamen zu dem Schluss, dass der Zeitpunkt, die Proteindosis nach dem Training oder auch die Proteinquelle nur eine untergeordnete Rolle bei der Bestimmung der durch das Widerstandstraining induzierten Zuwächse bei der FFM und Kraft über einen Zeitraum von Wochen spielten. Stattdessen deuteten die Ergebnisse darauf hin, dass eine tägliche Proteinzufuhr von ~1,6 g/kg/Tag, aufgeteilt in ~0,25 g/kg Dosen oder 25–30 g pro Mahlzeit für eine optimale Muskelproteinsynthese, einen größeren Einfluss, zumindest bei jüngeren Personen, auf die adaptiven Veränderungen durch Krafttraining hatte. Zudem sollte der Energiebedarf durch die Ernährung gedeckt sein und kein Energiedefizit vorliegen (Gwin et al. 2020). Dennoch zeigten sich die

Zeitpunkte nach dem Training und vor dem Schlafen gehen in Bezug auf die Steigerung der Muskelmasse und Muskelkraft am effektivsten (Zhou et al. 2024). Eine Studie zum Ausdauertraining zeigte, dass 30 g (~0.49 g/kg) Proteine für junge Ausdauerathlet*innen ausreichend war, um die myofibrilläre Proteinsynthese nach einer Belastung zu maximieren (Churchward-Venne et al. 2020). Bei älteren Personen führte nur eine Menge von 0,4 g/kg zu einer maximalen Muskelproteinsynthese, nicht aber eine Dosis über 0,24 g/kg (Moore et al. 2015). Zudem gibt es Hinweise, dass schnell verdauliche Proteine wie Molkenprotein die Muskelproteinsynthese mehr anregen als langsame Poteine (Casein) (Gielen et al. 2021). Beim Vergleich von tierischen und pflanzlichen Proteinen wurde belegt, dass Molken-, Rinder- und Milchprotein einen größeren Effekt auf die sportliche Leistung hatten (Zhao et al. 2024). Die Wahl des Molkenproteins (Konzentrat, Hydrolysat oder Isolat) führte zu keinen Unterschieden bei der FFM (Castro et al. 2019). Grundlegend sollten neben den Proteinpräparaten Nahrungsquellen (u. a. Rindfleisch, Kochschinken, Lamm, Geflügel, Fisch, Bohnen, Köse, Nüsse) mit einem hohen Anteil an essenziellen Aminosäuren (EAA) im Speiseplan enthalten sein, um einen großen und schnellen Anstieg bei deren Plasmakonzentration zu provozieren (Church et al. 2020; Tab. 3.1).

3.1.4 Nebenwirkungen

Eine Zufuhr von Proteinpräparaten in Pulverform oder als Riegel sollten keine Nebenwirkungen aufweisen. Die Einnahme von größeren Mengen mit bis zu 2,5–3,3 g/kg am Tag führte auch über längere Zeiträume von einem Jahr zu keinen unerwünschten Zwischenfällen. Folglich wurden keinerlei Gesundheitsrisiken bei gesunden, trainierenden Personen festgestellt (Jäger et al. 2017).

Tab. 3.1 Anwendung von Proteinen in der Praxis (Jeukendrup und Gleeson 2019; Moore et al. 2015)

	Pulver (<40 Jahre)	Pulver (>60 Jahre)	Pulver (Nachtdosis)
Einsatz	Intensives Ausdauertraining, Kraftausdauer- und Hypertrophietraining		
Dosierung	0,25 g/kg Whey-Protein	0,40 g/kg Whey-Protein	0,6 g/kg Casein-Protein
Einnahmezeit nach Belastung	unmittelbar nach der Belastung	unmittelbar nach der Belastung	Vor dem Schlafen gehen

3.2 Essenzielle Aminosäuren und verzweigtkettige Aminosäuren

Bei den Aminosäuren werden essenzielle (EAA=essential amino acid) und nicht-essenzielle Aminosäuren unterschieden. Die EAA muss der Körper über die Nahrung aufnehmen, die nicht EAA kann der Körper selbst bilden. Leucin, Isoleucin und Valin als verzweigtkettige Aminosäuren (BCAA=branched-chain amino acids) nehmen eine besondere Rolle ein.

3.2.1 Ergogene Effekte

Sportliche Belastungen und EAA-Supplementation provozierten den größten anabolen Stimulus im Körper. Die Reaktionen auf Widerstandsübungen waren deutlicher als bei ausdauerbetonten Belastungen. Folglich konnten EAA als wichtiger Stimulator für die Muskelproteinsynthese identifiziert werden. Systematische Reviews und Meta-Analysen ergaben bei älteren Personen zur Prävention oder Behandlung von Sarkopenie, dass kein klarer additiver Effekt einer EAA-Supplementierung und einem Trainingsreiz auf die Muskelmasse, Muskelkraft und körperliche Leistungsfähigkeit vorlag. Folglich kann konstatiert werden, dass eine EAA-Supplementierung nicht als Intervention zur Steigerung der Muskelmasse, Muskelkraft und körperlichen Leistungsfähigkeit bei älteren Personen betrachtet werden sollte (Gielen et al. 2021). Die Vorteile auf die Leistung und Körperzusammensetzung war auch bei aktiven Personen gering (Martinho et al. 2022, S. 12). Weitere Forschung ist erforderlich, um die potenziellen Auswirkungen der EAA-Verabreichung bei aktiven Personen auf Veränderungen des Muskelproteinstoffwechsels und der damit verbundenen Leistung und Veränderungen der Körperzusammensetzung zu untersuchen (Ferrando et al. 2023). Da BCAA nur einen Teil an EAA aufweisen, war die um 22 % gesteigerte Muskelproteinsynthese im Vergleich zu EAA dennoch nur halb so groß (Jackman et al. 2017). Bedeutendster Stimulator bei den BCAA ist Leucin, das auch alleine und mit einer Mindestmenge an EAA die Muskelproteinsynthese anregen konnte (Jackman et al. 2017). Aber auch für Leucin wies eine Übersichtsarbeit keine positive Wirkung auf das Muskelwachstum und die Muskelkraft nach (Rivera-Bermúdez et al. 2025). Letztendlich könnte aber eine Supplementierung indirekt die langfristige Leistungsentwicklung durch eine Erhöhung des Trainingspensums unterstützen, denn BCAA führten nach einer Belastung zu einem geringeren Anstieg der Kreatinkinase (ES = 0,41–0,99) als Marker für eine Muskelschädigung und zu reduzierten

Muskelkatersymptomen (ES = 0,28–1,82). Eine beschleunigte Erholung der Muskelleistung durch BCAA konnte aber innerhalb von 48 h nicht immer nachgewiesen werden (Doma et al. 2021; Salem et al. 2024).

3.2.2 Praktische Anwendung

Es wurden 6 g als minimale und 15–18 g EAA als maximale Dosis eingestuft (Tab. 3.2), um einen Anstieg bzw. eine Maximierung der fraktionellen Syntheserate von Muskelprotein zu erzielen (Ferrando et al. 2023; Jäger et al. 2017). Der Anstieg der Muskelproteinsyntheserate konnte gleichermaßen bei einer Zufuhr vor und nach dem Training nachgewiesen werden (Jäger et al. 2017). Im Vergleich dazu sollten ~6 g an BCAA zugeführt werden, wenn das Leucin-Isoleucin-Valin-Verhältnis bei 2:1:1 liegt, um die notwendige Menge von 3 g an Leucin aufzunehmen, welche die Muskelproteinsythese optimal anregte (Jackman et al. 2017).

3.2.3 Nebenwirkungen

EAA zeigten keine negative Reaktion nach der Einnahme. Grundsätzlich konnte festgestellt werden, dass zusätzlich zur habituellen Zufuhr von etwa 40 g an EAA noch bis zu 100 g ergänzend über NEM als sicher eingestuft wurden. Lediglich Personen mit seltenen genetischen Erkrankungen, welche eine metabolische Störung bei der Verstoffwechselung von EAA aufweisen, könnten Probleme nach der Zufuhr zeigen. Zusätzlich könnten Personen mit Nierenerkrankungen schlecht auf EAA reagieren, da durch die Anhäufung von Harnstoff und Ammoniak im Blut häufig eine eiweißarme Ernährung empfohlen wird. Eine EAA-Ergänzung trägt jedoch im Allgemeinen nicht zu einer erhöhten Harnstoff- oder Ammoniakproduktion bei, da die nicht EAA für die Proteinsynthese verstärkt wiederverwendet werden (Ferrando et al. 2023).

Tab. 3.2 Anwendung von EAA und BCAA (Ferrando et al. 2023; Martinho et al. 2022)

	EAA-Pulver	BCAA-Pulver
Einsatz	Intensives Ausdauertraining, Kraftausdauer- und Hypertrophietraining	
Dosierung	15 g oder 2 × 7,5 g	6–7 g
Einnahmezeit nach Belastung	Vor oder/und unmittelbar nach der Belastung	Unmittelbar nach der Belastung

3.3 β-Hydroxy-β-Methylbutyrat

β-Hydroxy-β-Methylbutyrat (HMB) ist ein Metabolit der EAA Leucin, welches einen starken Einfluss auf anabole Prozesse im Körper haben soll.

3.3.1 Ergogene Effekte

HMB kann sowohl bei akuter als auch bei chronischer Einnahme einen positiven physiologischen Effekt auf die Muskelproteinsynthese und den Muskelproteinabbau haben. Diese Effekte schienen unabhängig der körperlichen Belastung (Ausdauer- oder Krafttraining) einzutreten, solange diese einen ausreichend hochintensiven und -volumigen Reiz darstellten. In Bezug auf die Körperzusammensetzung ließ sich festhalten, dass HMB zu einer Zunahme der FFM (ES = 0,22), Muskelmasse (ES = 0,21) und dem Muskelkraftindex (ES = 0,27) führen konnte. Eine Abnahme der FM (ES = 0,03) oder des KG (ES = 0,09) trat dagegen nicht ein (Bideshki et al. 2025). Eine Kombination aus HMB und körperlicher Aktivität zeigten synergistische Effekte (Zou et al. 2022) und verstärkten die oben aufgeführten Anpassungen bei Körperzusammensetzung und Muskelkraft. Am deutlichsten zeigten sich diese Effekte mit Krafttraining. Die positive Wirkung auf eine verbesserte Körperzusammensetzung nahm mit ansteigendem Alter zu. Es wurde vermutet, dass die Hemmung des im Alter zunehmenden Muskelproteinabbaus durch HMB effektiver wirken könnte. Folglich könnte bei verletzten, kranken oder inaktiven und älteren Personen HMB einem Muskelschwund entgegenwirken und somit die Muskelkraft und -funktionalität erhalten. Eine Meta-Meta-Analyse zeigte, dass eine längere Interventionsdauer von über 8 Wochen den Effekt verdoppeln konnte (Bideshki et al. 2025). Eine Steigerung von Kraft und Leistung zeigte sich vor allem bei untrainierten Personen. Leistungsstärkere Personen konnten nur dann einen ergogenen Effekt verzeichnen, wenn die Dauer der Intervention 6 Wochen überschritt. Einfluss auf diese Effekte dürfte die verbesserte Regeneration durch eine HMB-Supplementation gehabt haben, die es ermöglichte, härter und häufiger zu trainieren, was zu schnelleren Trainingsanpassungen und größeren Zuwächsen an Muskelkraft und -leistung geführt haben könnte (Rathmacher et al. 2025). Für die Verbesserung der aeroben Ausdauerleistung konnte gezeigt werden, dass HMB den aeroben Stoffwechsel möglicherweise durch Verbesserung der mitochondrialen Biogenese und des Energiestoffwechsels verbessern konnte (Rathmacher et al. 2025).

3.3.2 Praktische Anwendung

HMB kann über zwei mögliche Formen aufgenommen werden: Calcium-β-Hydroxy-β-Methylbutyrat (Ca-HMB) und HMB als freie Säure (FA-HMB). Einen Vorteil einer Form konnte nicht eindeutig festgestellt werden. Einige Studien belegten zwar, dass FA-HMB zu einem 15 % größeren Plasmaanstieg im Vergleich zu Ca-HMB führte, andere dagegen konnten keine Unterschiede in der Bioverfügbarkeit und der Stimulation der Muskelproteinsynthese sowie der Unterdrückung des Muskelproteinabbaus feststellen (Rathmacher et al. 2025; Wilkinson et al. 2018). In den meisten Untersuchungen belief sich die Dosis auf 1–4 g/Tag Ca-HMB, jedoch wurde mit einer Zufuhrmenge von 3 g/Tag (0,38 mg/kg/Tag), die auf 2–3 Portionen verteilt aufgenommen werden sollte, eine sehr starke Muskelproteinsynthese registriert. Die Spitzenwerte im Blutplasma wurden nach einer Dosis mit 1–2 g je nach Form nach 30–60 min (FA-HMB) oder 60–120 min (Ca-HMB) erreicht (Wilson et al. 2013). Um die anabolen Phasen zu verlängern und die Bilanz zwischen Muskelauf- und -abbau zu optimieren, sollte HMB zwischen den Mahlzeiten zugeführt werden, sodass HMB die anabolen Prozesse, welche durch die proteinhaltigen Mahlzeiten ausgelöst werden, über seine hemmende Wirkung auf die Proteolyse unterstützen könnte (Tab. 3.3). In mehreren Studien wurde HMB 30–60 min vor der Belastung verabreicht, um die zellmembran-stabilisierenden Effekte optimal zu nutzen und Muskelschädigungen durch sehr anstrengende Belastungen zu reduzieren. Die antikatabole und regenerative Wirkung durch HMB konnten zumeist erst nach einer Einnahmedauer von 2–3 Wochen festgestellt werden, sodass eine chronische Aufnahme bereits vor und begleitend zu einer trainingsintensiven Phase erfolgen sollte (Wilson et al. 2013).

Tab. 3.3 Anwendung von HMB (Wilson et al. 2013)

	FA-HMB	Ca-HMB
Einsatz	Intensives Ausdauer- und Krafttraining (z. B. hochintensives Intervalltraining, plyometrisches Krafttraining)	
Dosierung	3 × 1 g	3 × 1 g
Einnahmezeit	etwa 2–3 h nach proteinhaltiger Mahlzeit; optimal wäre die Zufuhr einer Teildosis etwa 60 min vor der Belastung	etwa 2–3 h nach proteinhaltiger Mahlzeit; optimal wäre die Zufuhr einer Teildosis etwa 120 min vor der Belastung

3.3.3 Nebenwirkungen

Laut ISSN kann auf Basis der verfügbaren Informationen von einem sicheren NEM ausgegangen werden. Studien konnten belegen, dass eine chronische Einnahme bis zu einem Jahr unbedenklich war (Rathmacher et al. 2025). Falls Beschwerden berichtet wurden, dann handelte es sich um milde und selten auftretende gastrointestinale Probleme (Übelkeit, Blähungen, weicher Stuhl oder gelegentlicher Durchfall). Laborwerte für Leber und Niere zeigten in Studien bei einer täglichen Dosis von 3 g über 3–8 Wochen keine auffällige Veränderung (Nissen et al. 2000). Vorsichtig sollte aber bei Nieren-, Leber- oder Stoffwechselerkrankungen (z. B. Diabetes) gehandelt werden, da hier keine ausreichenden Erkenntnisse anhand von Humanstudien vorliegen. Tierdaten zeigten dagegen Hinweise auf Insulinreaktionen bei sehr hohen Dosen, sodass Personen durch die Zufuhr einen erhöhten Plasmainsulinspiegel vorweisen könnten und dies die Folge einer abnehmenden Insulinsensitivität sein könnte (Wilson et al. 2013).

3.4 β-Alanin

β-Alanin ist eine semi-EAA, welches an der Steigerung des Carnosingehalts in den Muskelfasern beteiligt ist und so die intrazelluläre Pufferkapazität gegenüber einer Wasserstoffionenzunahme unterstützt (Curran-Bowen et al. 2024).

3.4.1 Ergogene Effekte

Aufgrund geringer Erkenntnisse zu den Kraftdimensionen wird im Folgenden keine Differenzierung zwischen den Effekten auf die Ausdauer und Kraft vorgenommen (Trexler et al. 2015). Eine Meta-Analyse berichtete einen signifikanten Effekt (ES = 0,18) auf Ausdauer- und Krafttests (Saunders et al. 2017). Die ergogenen Effekte waren abhängig von der Belastungszeit. Ab einer Minute körperlicher Belastung zeigte das NEM seine Wirkung durch ansteigende Effektgrößen (<1 min: 0,02; 1–4 min: 0,21; >4 min: 0,23). Belastungen über 10 min konnten dagegen nur noch einen kleinen, statistisch grenzwertigen Effekt (ES = 0,17) vorweisen. Weitere moderierende Merkmale wie der Trainingsstatus, die Belastungsform (kontinuierlich, intermittierend), die Studiendauer oder die Gesamtzufuhrmenge an β-Alanin hatten keinen Einfluss auf die ergogene Wirkung (Saunders et al. 2017). Es konnte aber aus den Ergebnissen abgeleitet werden, dass im

Vergleich untrainierte (ES = 0,21) gegenüber trainierten Personen (ES = 0,14), TTE-Tests (ES = 0,24) gegenüber TT (ES = 0,13) und intermittierende (ES = 0,28) gegenüber kontinuierlichen Belastungen (ES = 0,17) einen etwas größeren Nutzen durch eine Supplemenation erzielen konnten (Saunders et al. 2017). Entscheidend könnte der Anteil an anaerob-laktazider Energiegewinnung gewesen sein, der zu einer Übersäuerung in der arbeitenden Muskulatur führte, damit die Puffereigenschaft durch Carnosin wirksam werden konnte. Diese physiologischen Bedingungen traten vor allem bei Stufen-, Ruder-, Lauf- und Radtests auf und weniger bei isolierten kraftbetonten Belastungen (Sprints, Sprünge), wodurch die ausbleibenden Effekte zu erklären wären. Die beschriebene positive Wirkung zeigte sich ebenfalls bei Huerta Ojeda et al. (2020) für TTE-Tests (ES = 0,25) und TT (ES = 0,36), wenn Belastungen im aerob-anaeroben Übergangsbereich bei 60–100 % VO_2max betrachtet wurden, wobei nur bei TT das Ergebnis signifikant war. Mit Blick auf die Kampfsportarten lag kein positiver Nachweis zum Beispiel beim Speziellen Judo Fitness Test Index, der Greifkraft oder der Anzahl an Tritten vor (Luo et al. 2025a). Speziell bei Frauen konnten keine leistungssteigernden Effekte auf die Schnell- und Maximalkraft nachgewiesen werden. Dafür zeigte sich aber, dass bei aeroben Belastungen die Ermüdung hinausgezögert werden konnte (López-Torres et al. 2023). Im Gegensatz dazu führte eine Zufuhr von 4,8 g/Tag über 6 Wochen bei Fußballspielern zu einer Steigerung der Sprunghöhe (Luo et al. 2025b). Georgiou et al. (2024) untersuchten die Wirkung des NEM auf maximal intensive Belastungen bei jungen, männlichen, trainierten Erwachsenen. Die Supplementation ergab einen moderaten positiven Effekt auf die Leistung (ES = 0,39). Die Effekte stiegen mit der Dauer der Einnahme an (<4 Wochen: 0,34; >4 Wochen: 0,47). Vor allem Belastungen zwischen 4 und 10 min profitierten wieder besonders durch die Zufuhr (ES = 0,55). Trotz zahlreicher Leistungssteigerungen in den Studien über 1–4 min und einer großen Wirkung (ES = 0,72), konnte bei Belastungen unter 4 min kein signifikanter Effekt nachgewiesen werden (Georgiou et al. 2024).

3.4.2 Praktische Anwendung

Dosen über 10 mg/kg KG sollten vermieden werden, da β-Alanin-Konzentrationen über 100 µmol/L Parästhesien hervorrufen, die wahrscheinlich auf eine Sensibilisierung nozizeptiver Neuronen in der Haut zurückzuführen waren. Eine Tagesdosis von 4,8–6,4 g erfordert daher 6–8 Portionen im Abstand von mindestens 2 h (Derave et al. 2010), auch wenn viele Studien bei höheren Dosen ab 4,8 g drei- bis viermal 1,6 g alle 3–4 h verabreichten. Bezüglich der Dosierung konnte festgestellt werden, dass nur eine Menge zwischen 5,6 und 6,4 g/Tag einen signifikanten Effekt

Tab. 3.4 Anwendung von β-Alanin (Georgiou et al. 2024)

	Pulver	Kapseln
Einsatz	Intensive Ausdauer-/Kraftausdauerbelastungen zwischen 1–10 min mit größerem Anteil an anaerob-laktazider Energiegewinnung	
Dosierung	4 × 1,6 g/Tag	4 × 1,6 g/Tag
Einnahmezeit	Alle 3–4 h am Tag das Pulver mit Wasser oder Saft (~ 200 ml) über 2–4 Wochen trinken (vorzugsweise nach einer kleinen Mahlzeit)	Alle 3–4 h ie notwendige Anzahl an Kapseln am Tag über 2–4 Wochen einnehmen (vorzugsweise nach einer kleinen Mahlzeit)

auf die Leistung (ES = 0,35) hervorrufen konnte. Niedrigere Dosen konnten keine Leistungssteigerung provozieren (Tab. 3.4). Diese Erkenntnisse sind aber weiter zu hinterfragen, da die Anzahl an Studien sehr gering war und weitere Forschung erforderlich ist (Georgiou et al. 2024). Eine tägliche β-Alanin-Zufuhr von 3–6 g über einen Zeitraum von 4 Wochen soll dennoch die intramuskuläre Carnosinkonzentration von 30 auf 80 % erhöhen können, wobei die Bandbreite der Dosis wahrscheinlich proportional zur Erhöhung der Carnosinkonzentration ist (Georgiou et al. 2024).

3.4.3 Nebenwirkungen

Abgesehen von Parästhesien wurden keine weiteren Nebenwirkungen von β-Alanin beschrieben (Huerta Ojeda et al. 2020). Um Parästhesien zu vermindern, könnte neben kleineren Dosen (≤1,6 g) auch auf Sustained-Release β-Alanine zurückgegriffen werden. Diese Darreichungsform sorgt für eine verzögerte Freisetzung von β-Alanin und kann folglich größere Dosen verträglicher machen. Kautabletten oder flüssige Shots dürften aufgrund der zügigen Absorption das Kribbeln auf der Haut verstärken (Derave et al. 2010). Gegebenenfalls könnten leichte gastrointestinale Beschwerden auftreten, die aber durch kleinere Dosen und einen nicht leeren Magen vermeidbar sind. Das NEM scheint in der empfohlenen Dosis sicher zu sein (Trexler et al. 2015).

3.5 L-Arginin

L-Arginin ist eine semi-EAA und täglicher Bestandteil der Ernährung. Es ist unter anderem in Truthahnfleisch, Lachs, Kürbiskernen, Mandeln, Kichererbsen, Vollkornprodukten und Milchprodukten enthalten (Karoń et al. 2024).

3.5.1   Ergogene Effekte auf Ausdauer

Das NEM konnte zu einer kleinen Steigerung der VO_2max um 0,07 l/min führen (Rezaei et al. 2021). Es wurden große, signifikante Effekte (ES = 0,84) bei aeroben Belastungen mit mindestens 5 min Dauer bestimmt (Viribay et al. 2020). Im Schwimmen über 100 und 200 m konnte eine deutliche Verbesserung der Zeit (ES = 1,66) erzielt werden. Im Vergleich zu den NEM β-Alanin, $NaHCO_3$ oder Kreatin war die ergogene Wirkung von L-Arginin über 100 m signifikant besser (Huang et al. 2024). Aufgrund fehlender Kenntnisse über den Zusammenhang der Plasmaspiegel von L-Arginin, Nitrat oder Nitrit und ergogener Effekte, wurde das NEM nicht als ergogenes Mittel mit starker Evidenz eingestuft (Viribay et al. 2020).

3.5.2   Ergogene Effekte auf Kraft

Es traten kleine signifikante Effekte (ES = 0,24) bei kurzen, anaeroben Belastungen (z. B. Sprints, 1RM, Wingate-Test) auf (Viribay et al. 2020). Zu diesem Ergebnis kam auch eine Netzwerk-Meta-Analyse, welche einen großen Effekt auf die Sprintzeit (ES = 1,2) berichtete (Luo et al. 2025b). Diese Ergebnisse konnten aber nicht von allen Meta-Analysen bestätigt werden, auch wenn bei Pasa et al. (2022) für Kraftausdauerbelastungen nennenswerte Effektstärken vorlagen (ES = 0,26). Mit Blick auf die Dosis deuten die Studien darauf hin, dass unabhängig vom Fitnessniveau und vom Zeitpunkt der Zufuhr niedrigere Dosen nicht ausreichend waren, um die anaerobe Leistung bei hoher Intensität zu verbessern, und dass sowohl bei akuten als auch bei chronischen Protokollen höhere Mengen erforderlich sein könnten (Viribay et al. 2020). Analog zu Ausdauerbelastungen sind noch einige Fragen über die Wirkmechanismen und die Dosis offen. Aufgrund der begrenzten Datenlage zur Wirksamkeit auf Kraft und Schnellkraft wird deren Anwendung derzeit generell nicht empfohlen (Gonzalez et al. 2023).

3.5.3   Praktische Anwendung

Eine akute Dosis von 0,15 g/kg (~10–11 g) 60–90 min vor der Belastung wird zur Leistungssteigerung in verschiedenen Disziplinen empfohlen (Viribay et al. 2020). Diese Dosierung sollte für Ausdauer- und Kraftleistungen gleichermaßen angewendet werden. Bei einer chronischen Zufuhr über mehrere Wochen scheinen geringere Dosen von 1,5–3,0 g/Tag bei wenig oder untrainierten Personen ausreichend zu sein. Viribay et al. (2020) konnten bei einer chronischen Zufuhr sowohl für kleine

Tab. 3.5 Anwendung von L-Arginin (Viribay et al. 2020)

	Akut	Chronisch
Einsatz	Moderate bis intensive aerobe Ausdauerbelastungen/ anaerobe Kraftbelastungen	
Dosierung	0,15 g/kg	0,15 g/kg
Einnahmezeit vor der Belastung	60–90 min	2–3 Teildosen über den Tag verteilt über mindestens 4 Wochen

Mengen von 1,5–2 g/Tag über 4–7 Wochen als auch für große Mengen von 10–12 g/ Tag bei noch längeren Zeitspannen positive Wirkungen auf aerobe und anaerobe Belastungen zeigen. Die Zufuhr kann als Pulver in Flüssigkeit aufgelöst oder über Kapseln erfolgen (Tab. 3.5). Die Resorptionsgeschwindigkeit mit Kapseln ist aufgrund der Hülle leicht verzögert, führt aber zu den gleichen Effekten (Nyawose et al. 2022). Der Einsatz von Kapseln könnte die Verträglichkeit erhöhen und für einen neutralen Geschmack sorgen. Erfolgt die Einnahme mit Flüssigkeit, dann können Unverträglichkeiten bei Dosen über 9 g eintreten (Álvares et al. 2011).

3.5.4 Nebenwirkungen

Grundsätzlich ist die orale Zufuhr ungefährlich und wird bis zu einer Menge von 20 g als gut verträglich und mit wenig nachteiligen Wirkungen beschrieben. Dennoch könnte mit Zunahme der Dosis gastrointestinale Beschwerden auftreten (Durchfall, Übelkeit). Personen, die leichter allergische Reaktionen zeigen, könnten eine anaphylaktische Reaktion erfahren (z. B. Juckreiz, Hautausschlag und -schwellung, Übelkeit, laufende Nase, Atemnot), die in unterschiedlichen Verläufen auftreten könnte (Álvares et al. 2011).

3.6 L-Citrullin

L-Citrullin ist eine nicht-EAA, die u. a. reichlich in Wassermelonen vorkommt, und als endogene Vorstufe von L-Arginin dient (Gonzalez et al. 2023).

3.6.1 Ergogene Effekte auf Ausdauer

Eine akute Einnahme führte bei jungen, gesunden Erwachsenen zu keiner Leistungssteigerung bei TTE-Tests (0,03) und TT (ES = 0,07), wenn eine kontinuierliche submaximale Belastung vorlag (Harnden et al. 2023). Ebenso konnten Viribay et al. (2022) keine Effekte auf die aerobe Leistung (ES = 0,12), das subjektive Belastungsempfinden (ES = 0,03), die Sauerstoff-Kinetik (ES = 0,01) und den Laktatspiegel (ES = 0,25) durch eine akute und chronische Zufuhr bestimmen (Viribay et al. 2022). Die Leistung konnte aber trotz ausbleibender Unterschiede zwischen akuter und chronischer Aufnahme dennoch bei chronischen Protokollen mit ≥6 g/Tag größere positive Effekte vorweisen (Viribay et al. 2022). Konträr zu diesen Befunden beliefen sich die Ergebnisse der Meta-Analyse von d'Unienville et al. (2021), in der sogar eine triviale Verschlechterung im Vergleich zur Placebogruppe registriert wurde. Folglich bleibt festzuhalten, dass das NEM allein die sportliche Leistung nicht verbesserte, obwohl zum Teil der Gehalt an NO-Metaboliten erhöht werden konnte und eine positive Auswirkung auf die Ausscheidung von Ammoniak in den Pausen nach erschöpfenden Muskelbeanspruchungen haben könnte (Sureda und Pons 2012).

3.6.2 Ergogene Effekte auf Kraft

Die Evidenzlage zum Effekt einer L-Citrullin-Aufnahme auf Kraftleistungen ist beim Sichten von Reviews uneinheitlich und es konnten nicht immer signifikante Effekte (ES = 0,13) durch das NEM auf die Muskelkraft nachgewiesen werden (Aguiar und Casonatto 2022; Nyawose et al. 2022). Dieses Ergebnis konnte auch für die oberen (ES = 0,17) und unteren Extremitäten (ES = 0,06) getrennt gezeigt werden (Aguiar und Casonatto 2022). Die Meta-Analyse von Trexler et al. (2019), in der neben der maximalen Kraftentfaltung auch schnellkräftige Belastungen bis zu 30 s integriert wurden, belegte einen kleinen, signifikanten Effekt (ES = 0,20) auf hochintensive Maximal- und Schnellkraftleistungen. Einflussnehmende Variablen wie der Trainingsstatus, das Geschlecht oder die getestete Muskulatur hatten keine Wirkung auf das Ergebnis (Trexler et al. 2019). Eine weitere Meta-Analyse zeigte, dass L-Citrullin einen signifikanten Nutzen (6,4 %; ES = 0,20) auf die Anzahl der Wiederholungen bei Kraftausdauerbelastungen (~70 % 1RM) hatte und durch die verzögerte Ermüdung die Wiederholungszahl um etwa 3 Wiederholungen gesteigert werden konnte. Dieser Effekt war aber nicht mehr gegeben, wenn die Leistungen der Beine und des Rumpfes separat überprüft wurden (Vårvik et al. 2021). Die positiven Befunde wurden durch eine Meta-Analyse unterstützt, welche die Funktion der unteren Extremitäten bei übergewichtigen älteren Erwachsenen überprüfte und eine signifikante Steigerung bei der Kraft (ES = 0,38) durch eine Kombination von Krafttraining und L-Citrullin feststellte (Xie et al. 2023). Es sind weitere Forschungsarbeiten zu Einflussfaktoren wie Darreichungsform des Citrullin-Präparats, Dosis, Geschlecht, Alter und die Art der Kraft- bzw. Schnellkraftaufgabe notwendig, um die vielversprechenden Belege weiter zu untermauern. Auf der Grundlage der aktuellen Evidenz könnte L-Citrullin einen signifikanten Nutzen für hochintensive Kraft- und Energieleistungen bieten (Gonzalez et al. 2023).

3.6.3 Praktische Anwendung

Das NEM kann als reines L-Citrullin, Citrullinmalat oder Wassermelonensaftkonzentrat zugeführt werden (Tab. 3.6). Die Wahl des NEM verlangt auch eine Anpassung der Dosis. Bei Citrullinmalat liegen zum Beispiel unterschiedliche Verhältnisse zwischen Citrullin und Malat vor. Die Erkenntnisse der Studien basieren weitestgehend auf dem Einsatz von L-Citrullinmalat und reinem L-Citrullin. Malat wird ein positiver Einfluss auf die Energieproduktion (ATP) nachgesagt und aktuell ist nicht geklärt, ob Citrullin oder Malat für die beschriebenen ergogenen Effekte bei hochintensiver Muskelarbeit verantwortlich war (Gonzalez et al. 2023). In den Studien wurden Dosen zwischen 3 und 15 g verabreicht, die im Allgemeinen gut vertragen wurden. Die Minimaldosis scheint bei 3 g zu liegen (Gonzalez et al. 2023), wobei einige Studien mit Dosen bis zu 6 g/kg keine Steigerung der Leistung nachweisen konnten.

3.6.4 Nebenwirkungen

Gastrointestinale Beschwerden in Form eines Unwohlseins im Magen trat bei 15 % der Teilnehmenden auf (Vårvik et al. 2021). Vorsicht ist bei Einschränkung der Nierenfunktion angebracht. Da die Niere der zentrale Ort der Verstoffwechselung von L-Citrullin ist, sollte im Vorfeld eine zusätzliche Zufuhr geprüft werden. Ebenso ist Vorsicht geboten, wenn blutdrucksenkende Mittel bei Menschen mit Bluthochdruck eingenommen werden müssen. L-Citrullin soll eine senkende Wirkung auf den Blutdruck haben, sodass eine größere Dosis zu den Medikamenten zu einem Blutdruckabfall führen könnte (Barkhidarian et al. 2019).

Tab. 3.6 Anwendung von L-Citrullin (Park et al. 2023)

	L-Citrullin	L-Citrullin-Malat
Einsatz	hochintensive Maximal-/Schnellkraftleistungen	
Dosierung	≥6 g für 7–14 Tage	≥8 g für 7–14 Tage
Einnahmezeit vor der Belastung	60 min (letzte Dosis)	60 min (letzte Dosis)

Was Sie aus diesem *essential* mitnehmen können

- Glycerol: Effektiv bei langanhaltenden submaximalen Belastungen über 75 min
- Kreatin: Effektiv bei hochintensiven und/oder wiederholten Belastungen
- Koffein: Effektiv bei aerober und anaerober Ausdauer sowie Maximalkraft und Kraftausdauer
- Natriumhydrogencarbonat: Effektiv bei (hoch)intensiven Belastungen mit einer Dauer von 0,5–12 min
- Nitrat: Effektiv bei submaximalen Belastungen bis zu 10 min sowie hochintensiven, intermittierenden, kurzzeitigen Belastungen
- Polyphenole: Effektiv bei submaximalen Ausdauerbelastungen
- Proteine: Effektive Unterstützung des Muskelaufbaus
- HMB: Effektive Unterstützung der Körperzusammensetzung und Muskelkraft
- β-Alanin: Effektiv bei (hoch)intensiven Belastungen zwischen 1–10 min
- L-Citrullin: Effektiv bei hochintensiven Kraft- und Energieleistungen

Literatur

Aguiar, A. F., & Casonatto, J. (2022). Effects of Citrulline Malate Supplementation on Muscle Strength in Resistance-Trained Adults: A Systematic Review and Meta-Analysis of Randomized Controlled Trials. *J Diet Suppl, 19*(6), 772–790.

Alsharif, N. S., Clifford, T., Alhebshi, A., Rowland, S. N., & Bailey, S. J. (2023). Effects of Dietary Nitrate Supplementation on Performance during Single and Repeated Bouts of Short-Duration High-Intensity Exercise: A Systematic Review and Meta-Analysis of Randomised Controlled Trials. *Antioxidants, 12*(6), 1194.

Álvares, T. S., Meirelles, C. M., Bhambhani, Y. N., Paschoalin, V. M. F., & Gomes, P. S. C. (2011). L-Arginine as a Potential Ergogenic Aid in Healthy Subjects. *Sports Med, 41*(3), 233–248.

Antonio, J., Candow, D. G., Forbes, S. C., et al. (2021). Common questions and misconceptions about creatine supplementation: what does the scientific evidence really show? *J Int Soc Sports Nutr, 18*(1), 13.

Bäcker, M. H., & Jaitner, T. (2023). Effects of Caffeine-Containing Energy Drinks on Endurance Performance and Side Effects: A Randomized Cross-Over Study. *Dtsch Z Sportmed, 74*(6), 214–218.

Barkhidarian, B., Khorshidi, M., Shab-Bidar, S., & Hashemi, B. (2019). Effects of L-citrulline supplementation on blood pressure: A systematic review and meta-analysis. *Avicenna J Phytomed, 9*(1), 10–20.

Barreto, G., Loureiro, L. M. R., Reis, C. E. G., & Saunders, B. (2023). Effects of caffeine chewing gum supplementation on exercise performance: A systematic review and meta-analysis. *Eur J Sport Sci, 23*(5), 714–725.

Bideshki, M. V., Behzadi, M., Jamali, M., Jamilian, P., Zarezadeh, M., & Gargari, B. P. (2025). Ergogenic Benefits of β-Hydroxy-β-Methyl Butyrate (HMB) Supplementation on Body Composition and Muscle Strength: An Umbrella Review of Meta-Analyses. *J Cachexia Sarcopenia Muscle, 16*(1), e13671.

Bougrine, H., Ammar, A., Salem, A., et al. (2024). Optimizing Short-Term Maximal Exercise Performance: The Superior Efficacy of a 6 mg/kg Caffeine Dose over 3 or 9 mg/kg in Young Female Team-Sports Athletes. *Nutrients, 16*(5), 640.

Braakhuis, A. J., Somerville, V. X., & Hurst, R. D. (2020). The effect of New Zealand black-currant on sport performance and related biomarkers: a systematic review and meta-analysis. *J Int Soc Sports Nutr, 17*(1), 25–25.

Braun, H. (2024). Nahrungsergänzungsmittel im Sport – Regulation, Konsum, Nutzen und Risiken. *Sports Orthop Traumatol, 40*(3), 234–238.

Bundesministerium der Justiz, & Bundesamt für Justiz. (2004). Verordnung über Nahrungs-ergänzungsmittel (Nahrungsergänzungsmittelverordnung – NemV). Abgerufen am 04.12.25, 2025, von https://www.gesetze-im-internet.de/nemv/NemV.pdf.

Burke, R., Piñero, A., Coleman, M., et al. (2023). The Effects of Creatine Supplementation Combined with Resistance Training on Regional Measures of Muscle Hypertrophy: A Systematic Review with Meta-Analysis. *Nutrients, 15*(9), 2116.

Campos, H. O., Drummond, L. R., Rodrigues, Q. T., et al. (2018). Nitrate supplementation improves physical performance specifically in non-athletes during prolonged open-ended tests: a systematic review and meta-analysis. *Br J Nutr, 119*(6), 636–657.

Cao, G., Zuo, J., Wu, B., & Wu, Y. (2024). Polyphenol supplementation boosts aerobic endurance in athletes: systematic review. *Front Physiol, 15*, 1369174.

Castro, L. H. A., de Araujo, F. H. S., Olimpio, M. Y. M., et al. (2019). Comparative Meta-Analysis of the Effect of Concentrated, Hydrolyzed, and Isolated Whey Protein Supplementation on Body Composition of Physical Activity Practitioners. *Nutrients, 11*, 2047.

Cermak, N. M., Res, P. T., de Groot, L. C., Saris, W. H. M., & van Loon, L. J. C. (2012). Protein supplementation augments the adaptive response of skeletal muscle to resistance-type exercise training: a meta-analysis1–3. *Am J Clin Nutr, 96*(6), 1454–1464.

Chen, B., Ding, L., Qin, Q., Lei, T. H., Girard, O., & Cao, Y. (2024). Effect of caffeine ingestion on time trial performance in cyclists: a systematic review and meta-analysis. *J Int Soc Sports Nutr, 21*(1), 2363789.

Choi, M., Kim, H., & Bae, J. (2021). Does the combination of resistance training and a nutritional intervention have a synergic effect on muscle mass, strength, and physical function in older adults? A systematic review and meta-analysis. *BMC Geriatr, 21*(1), 639.

Christensen, P. M., Shirai, Y., Ritz, C., & Nordsborg, N. B. (2017). Caffeine and bicarbonate for speed. A meta-analysis of legal supplements potential for improving intense endurance exercise performance. *Front Physiol, 8*, 240.

Church, D. D., Hirsch, K. R., Park, S., et al. (2020). Essential Amino Acids and Protein Synthesis: Insights into Maximizing the Muscle and Whole-Body Response to Feeding. *Nutrients, 12*(12).

Churchward-Venne, T. A., Pinckaers, P. J. M., Smeets, J. S. J., et al. (2020). Dose-response effects of dietary protein on muscle protein synthesis during recovery from endurance exercise in young men: a double-blind randomized trial. *Am J Clin Nutr, 112*(2), 303–317.

Condo, D., Lohman, R., Kelly, M., & Carr, A. (2019). Nutritional Intake, Sports Nutrition Knowledge and Energy Availability in Female Australian Rules Football Players. *Nutrients, 11*(5), 971.

Cuenca, E., Jodra, P., Perez-Lopez, A., et al. (2018). Effects of Beetroot Juice Supplementation on Performance and Fatigue in a 30-s All-Out Sprint Exercise: A Randomized, Double-Blind Cross-Over Study. *Nutrients, 10*, 1222.

Curran-Bowen, T., Guedes da Silva, A., Barreto, G., Buckley, J., & Saunders, B. (2024). Sodium bicarbonate and beta-alanine supplementation: Is combining both better than either alone? A systematic review and meta-analysis. *Biol Sport, 41*(3), 79–87.

d'Unienville, N. M. A., Blake, H. T., Coates, A. M., Hill, A. M., Nelson, M. J., & Buckley, J. D. (2021). Effect of food sources of nitrate, polyphenols, L-arginine and L-citrulline on endurance exercise performance: A systematic review and meta-analysis of randomised controlled trials. *J Int Soc Sports Nutr, 18*(1), 76.

de Lima Tavares Toscano, L., Silva, A. S., de França, A. C. L., et al. (2020). A single dose of purple grape juice improves physical performance and antioxidant activity in runners: a randomized, crossover, double-blind, placebo study. *Eur J Nutr, 59*(7), 2997–3007.

Delpino, F. M., Figueiredo, L. M., Forbes, S. C., Candow, D. G., & Santos, H. O. (2022). Influence of age, sex, and type of exercise on the efficacy of creatine supplementation on lean body mass: A systematic review and meta-analysis of randomized clinical trials. *Nutrition, 103–104*, 111791.

Derave, W., Everaert, I., Beeckman, S., & Baguet, A. (2010). Muscle Carnosine Metabolism and β-Alanine Supplementation in Relation to Exercise and Training. *Sports Med, 40*(3), 247–263.

Desai, I., Wewege, M. A., Jones, M. D., et al. (2024). The Effect of Creatine Supplementation on Resistance Training–Based Changes to Body Composition: A Systematic Review and Meta-analysis. *J Strength Cond Res, 38*(10), 1813–1821.

Doherty, M., & Smith, P. M. (2004). Effects of caffeine ingestion on exercise testing: A meta-analysis. *Int J Sport Nutr Exerc Metab, 14*(6), 626–646.

Doma, K., Singh, U., Boullosa, D., & Connor, J. D. (2021). The effect of branched-chain amino acid on muscle damage markers and performance following strenuous exercise: a systematic review and meta-analysis. *Appl Physiol Nutr Metab, 46*(11), 1303–1313.

Domínguez, R., Garnacho-Castaño, M. V., Cuenca, E., et al. (2017). Effects of Beetroot Juice Supplementation on a 30-s High-Intensity Inertial Cycle Ergometer Test. *Nutrients, 9*, 1360.

Dos Santos, E. E. P., de Araújo, R. C., Candow, D. G., et al. (2021). Efficacy of Creatine Supplementation Combined with Resistance Training on Muscle Strength and Muscle Mass in Older Females: A Systematic Review and Meta-Analysis. *Nutrients, 13*, 3757.

Duda-Chodak, A., & Tarko, T. (2023). Possible Side Effects of Polyphenols and Their Interactions with Medicines. *Molecules, 28*, 2536.

Fernández-Landa, J., Santibañez-Gutierrez, A., Todorovic, N., Stajer, V., & Ostojic, S. M. (2023). Effects of Creatine Monohydrate on Endurance Performance in a Trained Population: A Systematic Review and Meta-analysis. *Sports Med, 53*(5), 1017–1027.

Ferrando, A. A., Wolfe, R. R., Hirsch, K. R., et al. (2023). International Society of Sports Nutrition Position Stand: Effects of essential amino acid supplementation on exercise and performance. *J Int Soc Sports Nutr, 20*(1), 2263409.

Fröhlich, M., Mayerl, J., Pieter, A., & Kemmler, W. (2020). *Einführung in die Methoden, Methodologie und Statistik im Sport*. Berlin: Springer.

Garthe, I., & Maughan, R. J. (2018). Athletes and Supplements: Prevalence and Perspectives. *Int J Sport Nutr Exerc Metab, 28*(2), 126–138.

Georgiou, G. D., Antoniou, K., Antoniou, S., et al. (2024). Effect of Beta-Alanine Supplementation on Maximal Intensity Exercise in Trained Young Male Individuals: A Systematic Review and Meta-Analysis. *Int J Sport Nutr Exerc Metab, 34*(6), 397–412.

Ghazzawi, H. A., Hussain, M. A., Raziq, K. M., et al. (2023). Exploring the Relationship between Micronutrients and Athletic Performance: A Comprehensive Scientific Systematic Review of the Literature in Sports Medicine. *Sports, 11*, 109.

Gielen, E., Beckwee, D., Delaere, A., et al. (2021). Nutritional interventions to improve muscle mass, muscle strength, and physical performance in older people: an umbrella review of systematic reviews and meta-analyses. *Nutr Rev, 79*(2), 121–147.

Gomez-Bruton, A., Marin-Puyalto, J., Muniz-Pardos, B., et al. (2021). Does acute caffeine supplementation improve physical performance in female team-sport athletes? Evidence from a systematic review and meta-analysis. *Nutrients, 13*, 3663.

Gonzalez, A. M., Townsend, J. R., Pinzone, A. G., & Hoffman, J. R. (2023). Supplementation with Nitric Oxide Precursors for Strength Performance: A Review of the Current Literature. *Nutrients, 15*, 660.

Goulet, E. D. B., Aubertin-Leheudre, M., Plante, G. E., & Dionne, I. J. (2007). A meta-analysis of the effects of glycerol-induced hyperhydration on fluid retention and endurance performance. *Int J Sport Nutr Exerc Metab, 17*(4), 391–410.

Goulet, E. D. B., De La Flore, A., Savoie, F. A., & Gosselin, J. (2018). Salt+Glycerol-Induced Hyperhydration Enhances Fluid Retention More Than Salt- or Glycerol-Induced Hyperhydration. *Int J Sport Nutr Exerc Metab, 28*(3), 246–252.

Gras, D., Lanhers, C., Bagheri, R., et al. (2023). Creatine supplementation and VO2max: a systematic review and meta-analysis. *Crit Rev Food Sci Nutr, 63*(21), 4855–4866.

Grgic, J. (2018). Caffeine ingestion enhances Wingate performance: a meta-analysis. *Eur J Sport Sci, 18*(2), 219–225.

Grgic, J., Diaz-Lara, F. J., Coso, J. D., et al. (2020). The effects of caffeine ingestion on measures of rowing performance: A systematic review and meta-analysis. *Nutrients, 12*, 434.

Grgic, J., Garofolini, A., Pickering, C., Duncan, M. J., Tinsley, G. M., & Del Coso, J. (2020). Isolated effects of caffeine and sodium bicarbonate ingestion on performance in the Yo-Yo test: A systematic review and meta-analysis. *J Sci Med Sport, 23*(1), 41–47.

Grgic, J., Grgic, I., Pickering, C., Schoenfeld, B. J., Bishop, D. J., & Pedisic, Z. (2020). Wake up and smell the coffee: caffeine supplementation and exercise performance-an umbrella review of 21 published meta-analyses. *Br J Sports Med, 54*(11), 681–688.

Grgic, J., & Mikulic, P. (2022). Ergogenic effects of sodium bicarbonate supplementation on middle-, but not short-distance swimming tests: A meta-analysis. *J Diet Suppl, 19*(6), 791–802.

Grgic, J., Pedisic, Z., Saunders, B., et al. (2021). International Society of Sports Nutrition position stand: sodium bicarbonate and exercise performance. *J Int Soc Sports Nutr, 18*(1), 61.

Grgic, J., & Pickering, C. (2019). The effects of caffeine ingestion on isokinetic muscular strength: A meta-analysis. *J Sci Med Sport, 22*(3), 353–360.

Grgic, J., T., T. E., Bruno, L., & and Pedisic, Z. (2018). Effects of caffeine intake on muscle strength and power: a systematic review and meta-analysis. *J Int Soc Sports Nutr, 15*(1), 11.

Guest, N. S., VanDusseldorp, T. A., Nelson, M. T., et al. (2021). International society of sports nutrition position stand: caffeine and exercise performance. *J Int Soc Sports Nutr, 18*(1), 1–1.

Gwin, J. A., Church, D. D., Wolfe, R. R., Ferrando, A. A., & Pasiakos, S. M. (2020). Muscle Protein Synthesis and Whole-Body Protein Turnover Responses to Ingesting Essential Amino Acids, Intact Protein, and Protein-Containing Mixed Meals with Considerations for Energy Deficit. *Nutrients, 12*, 2457.

Harnden, C. S., Agu, J., & Gascoyne, T. (2023). Effects of citrulline on endurance performance in young healthy adults: a systematic review and meta-analysis. *J Int Soc Sports Nutr, 20*(1), 2209056.

Hilton, N. P., Leach, N. K., Sparks, S. A., et al. (2019). A Novel Ingestion Strategy for Sodium Bicarbonate Supplementation in a Delayed-Release Form: a Randomised Crossover Study in Trained Males. *Sports Med Open, 5*(1), 4.

Hlinsky, T., Kumstat, M., & Vajda, P. (2020). Effects of Dietary Nitrates on Time Trial Performance in Athletes with Different Training Status: Systematic Review. *Nutrients, 12*, 2734.

Huang, D., Wang, X., Takagi, H., et al. (2024). Effects of Different Dietary Supplements on Swimming Performance: A Systematic Review and Network Meta-Analysis. *Nutrients, 17*, 33.

Huerta Ojeda, Á., Tapia Cerda, C., Poblete Salvatierra, M. F., Barahona-Fuentes, G., & Jorquera Aguilera, C. (2020). Effects of Beta-Alanine Supplementation on Physical Performance in Aerobic-Anaerobic Transition Zones: A Systematic Review and Meta-Analysis. *Nutrients, 12*, 2490.

Jackman, S. R., Witard, O. C., Philp, A., Wallis, G. A., Baar, K., & Tipton, K. D. (2017). Branched-Chain Amino Acid Ingestion Stimulates Muscle Myofibrillar Protein Synthesis following Resistance Exercise in Humans. *Front Physiol, 8*, 390.

Jäger, R., Kerksick, C. M., Campbell, B. I., et al. (2017). International Society of Sports Nutrition Position Stand: protein and exercise. *J Int Soc Sports Nutr, 14*, 20.

Jagim, A. R., Stecker, R. A., Harty, P. S., Erickson, J. L., & Kerksick, C. M. (2018). Safety of Creatine Supplementation in Active Adolescents and Youth: A Brief Review. *Front Nutr, 5*, 115.

Jeukendrup, A., & Gleeson, M. (2019). *Sport Nutrition*. Champaign, IL: Human Kinetics.

Jones, A. M. (2022). Dietary Nitrate and Exercise Performance: New Strings to the Beetroot Bow. *SSE, 35*(222), 1–5.

Jones, R. L., Stellingwerff, T., Artioli, G. G., Saunders, B., Cooper, S., & Sale, C. (2016). Dose-Response of Sodium Bicarbonate Ingestion Highlights Individuality in Time Course of Blood Analyte Responses. *Int J Sport Nutr Exerc Metab, 26*(5), 445–453.

Julián-Almárcegui, C., Gómez-Cabello, A., González-Agüero, A., et al. (2013). The nutritional status in adolescent Spanish cyclists. *Nutr Hosp, 28*(4), 1184–1189.

Kapil, V., Rathod, K. S., Khambata, R. S., et al. (2018). Sex differences in the nitrate-nitrite-NO• pathway: Role of oral nitrate-reducing bacteria. *Free Radic Biol Med, 126*, 113–121.

Karoń, Ł., Zygmunt, A. E., Karoń, K., et al. (2024). L-arginine Supplementation in Endurance Athletes: A Systematic Review of Recovery Mechanisms and Performance Enhancement. *Qual Sport, 33*, 55867.

Keane, K. M., Bailey, S. J., Vanhatalo, A., Jones, A. M., & Howatson, G. (2018). Effects of montmorency tart cherry (L. Prunus Cerasus) consumption on nitric oxide biomarkers and exercise performance. *Scand J Med Sci Sports, 28*(7), 1746–1756.

Kirwan, R. P., Mazidi, M., Rodríguez García, C., et al. (2022). Protein interventions augment the effect of resistance exercise on appendicular lean mass and handgrip strength in older adults: a systematic review and meta-analysis of randomized controlled trials. *Am J Clin Nutr, 115*(3), 897–913.

Kloby Nielsen, L. L., Tandrup Lambert, M. N., & Jeppesen, P. B. (2020). The Effect of Ingesting Carbohydrate and Proteins on Athletic Performance: A Systematic Review and Meta-Analysis of Randomized Controlled Trials. *Nutrients, 12*, 1483.

Knez, W. L., & Peake, J. M. (2010). The prevalence of vitamin supplementation in ultraendurance triathletes. *Int J Sport Nutr Exerc Metab, 20*(6), 507–514.

Kreider, R. B., Jäger, R., & Purpura, M. (2022). Bioavailability, Efficacy, Safety, and Regulatory Status of Creatine and Related Compounds: A Critical Review. *Nutrients, 14*, 1035.

Kreider, R. B., Kalman, D. S., Antonio, J., et al. (2017). International Society of Sports Nutrition position stand: safety and efficacy of creatine supplementation in exercise, sport, and medicine. *J Int Soc Sports Nutr, 14*, 18.

Kressler, J., Millard-Stafford, M., & Warren, G. L. (2011). Quercetin and endurance exercise capacity: a systematic review and meta-analysis. *Med Sci Sports Exerc, 43*(12), 2396–2404.

Lago-Rodríguez, Á., Domínguez, R., Ramos-Álvarez, J. J., et al. (2020). The Effect of Dietary Nitrate Supplementation on Isokinetic Torque in Adults: A Systematic Review and Meta-Analysis. *Nutrients, 12*, 3022.

Lanhers, C., Pereira, B., Naughton, G., Trousselard, M., Lesage, F.-X., & Dutheil, F. (2017). Creatine Supplementation and Upper Limb Strength Performance: A Systematic Review and Meta-Analysis. *Sports Med, 47*(1), 163–173.

Li, M.-L., Zhang, F., Luo, H.-Y., et al. (2024). Improving sarcopenia in older adults: a systematic review and meta-analysis of randomized controlled trials of whey protein supplementation with or without resistance training. *J Nutr Health Aging, 28*(4), 100184.

Li, M., & Liu, F. (2019). Effect of whey protein supplementation during resistance training sessions on body mass and muscular strength: a meta-analysis. *Food Funct, 10*(5), 2766–2773.

Lin, Y. N., Tseng, T. T., Knuiman, P., et al. (2021). Protein supplementation increases adaptations to endurance training: A systematic review and meta-analysis. *Clin Nutr, 40*(5), 3123–3132.

Lino, R. S., Lagares, L. S., Oliveira, C. V. C., et al. (2021). Effect of sodium bicarbonate supplementation on two different performance indicators in sports: a systematic review with meta-analysis. *Phys Act Nutr, 25*(1), 7–15.

López-Torres, O., Rodríguez-Longobardo, C., Capel-Escoriza, R., & Fernández-Elías, V. E. (2023). Ergogenic Aids to Improve Physical Performance in Female Athletes: A Systematic Review with Meta-Analysis. *Nutrients, 15*(1), 81.

Luo, H., Tengku Kamalden, T. F., Zhu, X., Xiang, C., & Nasharuddin, N. A. (2025). Advantages of different dietary supplements for elite combat sports athletes: a systematic review and Bayesian network meta-analysis. *Sci Rep, 15*(1), 271.

Luo, H., Tengku Kamalden, T. F., Zhu, X., Xiang, C., & Nasharuddin, N. A. (2025). Effects of different dietary supplements on athletic performance in soccer players: a systematic review and network meta-analysis. *J Int Soc Sports Nutr, 22*(1), 2467890.

Martinho, D. V., Nobari, H., Faria, A., Field, A., Duarte, D., & Sarmento, H. (2022). Oral Branched-Chain Amino Acids Supplementation in Athletes: A Systematic Review. *Nutrients, 14*, 4002.

Maughan, R. J., Burke, L. M., Dvorak, J., et al. (2018). IOC consensus statement: dietary supplements and the high-performance athlete. *Br J Sports Med, 52*(7), 439–455.

McLellan, T. M., Pasiakos, S. M., & Lieberman, H. R. (2014). Effects of Protein in Combination with Carbohydrate Supplements on Acute or Repeat Endurance Exercise Performance: A Systematic Review. *Sports Med, 44*(4), 535–550.

Mettler, S., Bosshard, J. V., Haring, D., & Morgan, G. (2020). High Prevalence of Supplement Intake with a Concomitant Low Information Quality among Swiss Fitness Center Users. *Nutrients, 12*, 2595.

Mielgo-Ayuso, J., Calleja-Gonzalez, J., Marqués-Jiménez, D., Caballero-García, A., Córdova, A., & Fernández-Lázaro, D. (2019). Effects of creatine supplementation on athletic performance in soccer players: A systematic review and meta-analysis. *Nutrients, 11*, 757.

Moore, D. R., Churchward-Venne, T. A., Witard, O., et al. (2015). Protein ingestion to stimulate myofibrillar protein synthesis requires greater relative protein intakes in healthy older versus younger men. *J Gerontol A Biol Sci Med Sci, 70*(1), 57–62.

Morton, R. W., Murphy, K. T., McKellar, S. R., et al. (2018). A systematic review, meta-analysis and meta-regression of the effect of protein supplementation on resistance training-induced gains in muscle mass and strength in healthy adults. *Br J Sports Med, 52*(6), 376–384.

Nabuco, L. L., Mendes, G. F., Barreto, G., Saunders, B., & Reis, C. E. G. (2023). Spit It Out: Is Caffeine Mouth Rinse an Effective Ergogenic Aid? A Systematic Review and Meta-Analysis. *Strength Cond J, 45*(5), 617–627.

Nissen, S., Sharp, R. L., Panton, L., Vukovich, M., Trappe, S., & Fuller, J. C. (2000). β-Hydroxy-β-Methylbutyrate (HMB) Supplementation in Humans Is Safe and May Decrease Cardiovascular Risk Factors. *J Nutr, 130*(8), 1937–1945.

Nyawose, S., Naidoo, R., Naumovski, N., & McKune, A. J. (2022). The Effects of Consuming Amino Acids L-Arginine, L-Citrulline (and Their Combination) as a Beverage or Powder, on Athletic and Physical Performance: A Systematic Review. *Beverages, 8*, 48.

Pallarés, J. G., Fernández-Elías, V. E., Ortega, J. F., Muñoz, G., Muñoz-Guerra, J., & Mora-Rodríguez, R. (2013). Neuromuscular responses to incremental caffeine doses: performance and side effects. *Med Sci Sports Exerc, 45*(11), 2184–2192.

Park, H.-Y., Kim, S.-W., Seo, J., et al. (2023). Dietary Arginine and Citrulline Supplements for Cardiovascular Health and Athletic Performance: A Narrative Review. *Nutrients, 15*, 1268.

Pasa, C., Godinho de Oliveira, R., da Rosa Lima, T., et al. (2022). Effectiveness of acute L-arginine supplementation on physical performance in strength training: a systematic review and meta-analysis [version 2; peer review: 1 approved, 1 not approved]. *F1000Research, 10*, 1072.

Pashayee-Khamene, F., Heidari, Z., Asbaghi, O., et al. (2024). Creatine supplementation protocols with or without training interventions on body composition: a GRADE-assessed systematic review and dose-response meta-analysis. *J Int Soc Sports Nutr, 21*(1), 2380058.

Peart, D. J., Siegler, J. C., & Vince, R. V. (2012). Practical recommendations for coaches and athletes: A meta-analysis of sodium bicarbonate use for athletic performance. *J Strength Cond Res, 26*(7), 1975–1983.

Pelletier, D. M., Lacerte, G., & Goulet, E. D. (2013). Effects of quercetin supplementation on endurance performance and maximal oxygen consumption: a meta-analysis. *Int J Sport Nutr Exerc Metab, 23*(1), 73–82.

Perkins, I. C., Blacker, S. D., & Willems, M. E. T. (2024). Individual Responses to Repeated Dosing with Anthocyanin-Rich New Zealand Blackcurrant Extract During High-Intensity Intermittent Treadmill Running in Active Males. *Nutrients, 16*, 4253.

Polito, M. D., Souza, D. B., Casonatto, J., & Farinatti, P. (2016). Acute effect of caffeine consumption on isotonic muscular strength and endurance: A systematic review and meta-analysis. *Sci Sports, 31*(3), 119–128.

Rathmacher, J. A., Pitchford, L. M., Stout, J. R., et al. (2025). International society of sports nutrition position stand: β-hydroxy-β-methylbutyrate (HMB). *J Int Soc Sports Nutr, 22*(1), 2434734.

Reddy, V. S., Shiva, S., Manikantan, S., & Ramakrishna, S. (2024). Pharmacology of caffeine and its effects on the human body. *Eur J Med Chem Rep, 10*, 100138.

Rempe, C. (2025, 15.01.2025). Was sind Nahrungsergänzungsmittel? Abgreufen am 04.12.25, 2025, von https://www.bzfe.de/essen-und-gesundheit/naehrstoffe/nahrungsergaenzungsmittel/was-sind-nahrungsergaenzungsmittel.

Rezaei, S., Gholamalizadeh, M., Tabrizi, R., Nowrouzi-Sohrabi, P., Rastgoo, S., & Doaei, S. (2021). The effect of L-arginine supplementation on maximal oxygen uptake: A systematic review and meta-analysis. *Physiol Rep, 9*(3), e14739.

Rimer, E. G., Peterson, L. R., Coggan, A. R., & Martin, J. C. (2016). Increase in Maximal Cycling Power With Acute Dietary Nitrate Supplementation. *Int J Sports Physiol Perform, 11*(6), 715–720.

Rivera-Bermúdez, G., Pizarro-Segura, M. F., Quesada-Quesada, D., et al. (2025). Effects of leucine intake on muscle growth, strength, and recovery in young active adults: a systematic review of randomized controlled trials. *Nutrire, 50*(1), 13.

Salem, A., Ben Maaoui, K., Jahrami, H., et al. (2024). Attenuating Muscle Damage Biomarkers and Muscle Soreness After an Exercise-Induced Muscle Damage with Branched-Chain Amino Acid (BCAA) Supplementation: A Systematic Review and Meta-analysis with Meta-regression. *Sports Med Open, 10*(1), 42.

Saunders, B., Elliott-Sale, K., Artioli, G. G., et al. (2017). β-alanine supplementation to improve exercise capacity and performance: A systematic review and meta-analysis. *Br J Sports Med, 51*(8), 658–669.

Saunders, B., Oliveira, L. F., Dolan, E., et al. (2022). Sodium bicarbonate supplementation and the female athlete: A brief commentary with small scale systematic review and meta-analysis. *Eur J Sport Sci, 22*(5), 745–754.

Seifert, S. M., Schaechter, J. L., Hershorin, E. R., & Lipshultz, S. E. (2011). Health effects of energy drinks on children, adolescents, and young adults. *Pediatrics, 127*(3), 511–528.

Senefeld, J. W., Wiggins, C. C., Regimbal, R. J., Dominelli, P. B., Baker, S. E., & Joyner, M. J. (2020). Ergogenic effect of nitrate supplementation: A systematic review and meta-analysis. *Med Sci Sports Exerc, 52*(10), 2250–2261.

Shen, J. G., Brooks, M. B., Cincotta, J., & Manjourides, J. D. (2019). Establishing a relationship between the effect of caffeine and duration of endurance athletic time trial events: A systematic review and meta-analysis. *J Sci Med Sport, 22*(2), 232–238.

Somerville, V., Bringans, C., & Braakhuis, A. (2017). Polyphenols and Performance: A Systematic Review and Meta-Analysis. *Sports Med, 47*(8), 1589–1599.

Sousa-Rufino, C., Pareja-Galeano, H., & Martínez-Ferrán, M. (2025). Dietary Supplement Use in Competitive Spanish Football Players and Differences According to Sex. *Nutrients, 17*, 602.

Southward, K., Rutherfurd-Markwick, K. J., & Ali, A. (2018). The effect of acute caffeine ingestion on endurance performance: A systematic review and meta-analysis. *Sports Med, 48*(8), 1913–1928.

Stearns, R. L., Emmanuel, H., Volek, J. S., & Casa, D. J. (2010). Effects of Ingesting Protein in Combination With Carbohydrate During Exercise on Endurance Performance: A Systematic Review With Meta-Analysis. *J Strength Cond Res, 24*(8), 2192–2202.

Stefanache, A., Lungu, I.-I., Butnariu, I.-A., et al. (2023). Understanding How Minerals Contribute to Optimal Immune Function. *J Immunol Res, 2023*(1), 3355733.

Sureda, A., & Pons, A. (2012). Arginine and citrulline supplementation in sports and exercise: ergogenic nutrients? *Med Sport Sci, 59*, 18–28.

Tan, R., Cano, L., Lago-Rodríguez, Á., & Domínguez, R. (2022). The Effects of Dietary Nitrate Supplementation on Explosive Exercise Performance: A Systematic Review. *Int J Environ Res Public Health, 19*(2), 762.

Tian, C., Jiang, Q., Han, M., et al. (2025). Effects of Beetroot Juice on Physical Performance in Professional Athletes and Healthy Individuals: An Umbrella Review. *Nutrients, 17*, 1958.

Trexler, E. T., Persky, A. M., Ryan, E. D., Schwartz, T. A., Stoner, L., & Smith-Ryan, A. E. (2019). Acute Effects of Citrulline Supplementation on High-Intensity Strength and Power Performance: A Systematic Review and Meta-Analysis. *Sports Med, 49*(5), 707–718.

Trexler, E. T., Smith-Ryan, A. E., Stout, J. R., et al. (2015). International society of sports nutrition position stand: Beta-Alanine. *J Int Soc Sports Nutr, 12*(1), 30.

Van De Walle, G. P., & Vukovich, M. D. (2018). The effect of nitrate supplementation on exercise tolerance and performance: A systematic review and meta-analysis. *J Strength Cond Res, 32*(6), 1796–1808.

van Rosendal, S. P., & Coombes, J. S. (2012). Glycerol use in hyperhydration and rehydration: scientific update. *Med Sport Sci, 59*, 104–112.

van Rosendal, S. P., Osborne, M. A., Fassett, R. G., & Coombes, J. S. (2010). Guidelines for Glycerol Use in Hyperhydration and Rehydration Associated with Exercise. *Sports Med, 40*(2), 113–139.

Vårvik, F. T., Bjørnsen, T., & Gonzalez, A. M. (2021). Acute Effect of Citrulline Malate on Repetition Performance During Strength Training: A Systematic Review and Meta-Analysis. *Int J Sport Nutr Exerc Metab, 31*(4), 350–358.

Vieira, A. F., Santos, J. S., Costa, R. R., Cadore, E. L., & Macedo, R. C. O. (2022). Effects of Protein Supplementation Associated with Resistance Training on Body Composition and Muscle Strength in Older Adults: A Systematic Review of Systematic Reviews with Meta-analyses. *Sports Med, 52*(10), 2511–2522.

Viribay, A., Burgos, J., Fernandez-Landa, J., Seco-Calvo, J., & Mielgo-Ayuso, J. (2020). Effects of arginine supplementation on athletic performance based on energy metabolism: A systematic review and meta-analysis. *Nutrients, 12*(5), 1300.

Viribay, A., Fernández-Landa, J., Castañeda-Babarro, A., Collado, P. S., Fernández-Lázaro, D., & Mielgo-Ayuso, J. (2022). Effects of Citrulline Supplementation on Different Aerobic Exercise Performance Outcomes: A Systematic Review and Meta-Analysis. *Nutrients, 14*, 3479.

Wang, Y., Tian, Z., Li, Z., & Kim, J. C. (2023). Effects of Flavonoid Supplementation on Athletic Performance in Healthy Adults: A Systematic Review and Meta-Analysis. *Nutrients, 15*, 4547.

Wang, Z., Qiu, B., Li, R., et al. (2024). Effects of Creatine Supplementation and Resistance Training on Muscle Strength Gains in Adults <50 Years of Age: A Systematic Review and Meta-Analysis. *Nutrients, 16*, 3665.

Warren, G. L., Park, N. D., Maresca, R. D., McKibans, K. I., & Millard-Stafford, M. L. (2010). Effect of caffeine ingestion on muscular strength and endurance: a meta-analysis. *Med Sci Sports Exerc, 42*(7), 1375–1387.

Wikoff, D., Welsh, B. T., Henderson, R., et al. (2017). Systematic review of the potential adverse effects of caffeine consumption in healthy adults, pregnant women, adolescents, and children. *Food Chem Toxicol, 109*, 585–648.

Wilkinson, D. J., Hossain, T., Limb, M. C., et al. (2018). Impact of the calcium form of β-hydroxy-β-methylbutyrate upon human skeletal muscle protein metabolism. *Clin Nutr, 37*, 2068–2075.

Willems, M. E. T., Blacker, S. D., Montanari, S., & Cook, M. D. (2025). Anthocyanin-Rich Blackcurrant Supplementation as a Nutraceutical Ergogenic Aid for Exercise Performance and Recovery: A Narrative Review. *Curr Dev Nutr, 9*, 104523.

Wilson, J. M., Fitschen, P. J., Campbell, B., et al. (2013). International Society of Sports Nutrition Position Stand: beta-hydroxy-beta-methylbutyrate (HMB). *J Int Soc Sports Nutr, 10*(1), 6.

Wu, S. H., Chen, K. L., Hsu, C., et al. (2022). Creatine Supplementation for Muscle Growth: A Scoping Review of Randomized Clinical Trials from 2012 to 2021. *Nutrients, 14*, 1255.

Wu, W., Chen, Z., Zhou, H., et al. (2024). Effects of Acute Ingestion of Caffeine Capsules on Muscle Strength and Muscle Endurance: A Systematic Review and Meta-Analysis. *Nutrients, 16*, 1146.

Xie, S., Li, S., & Shaharudin, S. (2023). The Effects of Combined Exercise with Citrulline Supplementation on Body Composition and Lower Limb Function of Overweight Older Adults: A Systematic Review and Meta-Analysis. *J Sports Sci Med, 22*(3), 541–548.

Yang, T.-Y., Lin, H.-M., Wang, H.-Y., et al. (2024). Sodium Bicarbonate Treatment and Clinical Outcomes in Chronic Kidney Disease with Metabolic Acidosis: A Meta-Analysis. *Clin J Am Soc Nephrol, 19*(8), 959–969.

Zamani, H., de Joode, M. E. J. R., Hossein, I. J., et al. (2021). The benefits and risks of beetroot juice consumption: a systematic review. *Crit Rev Food Sci Nutr, 61*(5), 788–804.

Zhao, S., Xu, Y., Li, J., & Ning, Z. (2024). The Effect of Plant-Based Protein Ingestion on Athletic Ability in Healthy People-A Bayesian Meta-Analysis with Systematic Review of Randomized Controlled Trials. *Nutrients, 16*, 2748.

Zhao, S., Zhang, H., Xu, Y., Li, J., Du, S., & Ning, Z. (2024). The effect of protein intake on athletic performance: a systematic review and meta-analysis. *Front Nutr, 11*, 1455728.

Zhou, H. H., Liao, Y., Zhou, X., et al. (2024). Effects of Timing and Types of Protein Supplementation on Improving Muscle Mass, Strength, and Physical Performance in Adults Undergoing Resistance Training: A Network Meta-Analysis. *Int J Sport Nutr Exerc Metab, 34*(1), 54–64.

Zou, G., Qang, W., Wan, H., Lu, X., & Gao, W. (2022). Leucine metabolite β-hydroxy-β-methyl butyrate (HMB) supplementation on muscle mass during resistance training in older subjects: meta-analysis. *Aging Pathobiol Ther, 4*(1), 4–13.